中国文化经纬

中国科举考试制度

张希清 著

中国书籍出版社
China Book Press

图书在版编目（CIP）数据

中国科举考试制度／张希清著.—北京：中国书籍出版社，2021.1
（中国文化经纬／王守常主编）
ISBN 978-7-5068-8268-2

Ⅰ.①中… Ⅱ.①张… Ⅲ.①科举制度－研究－中国－古代 Ⅳ.①D691.3

中国版本图书馆 CIP 数据核字（2020）第 265807 号

中国科举考试制度

张希清　著

责任编辑	王星舒　牛　超
责任印制	孙马飞　马　芝
封面设计	东方美迪
出版发行	中国书籍出版社
地　　址	北京市丰台区三路居路 97 号（邮编：100073）
电　　话	（010）52257143（总编室）　　（010）52257140（发行部）
电子邮箱	chinabp@ vip. sina. com
经　　销	全国新华书店
印　　刷	三河市顺兴印务有限公司
开　　本	635 毫米 ×970 毫米　1/16
印　　张	15
字　　数	122 千字
版　　次	2021 年 1 月第 1 版　2021 年 1 月第 1 次印刷
书　　号	ISBN 978-7-5068-8268-2
定　　价	45.00 元

版权所有　翻印必究

《中国文化经纬》系列丛书
编委会

顾问 汤一介 杨 辛 李学勤 庞 朴
　　　 王 尧 余敦康 孙长江 乐黛云

主编 王守常

编委（按姓氏笔画为序）
　　　 王 平 王小甫 王守常 邓小楠
　　　 乐黛云 江 力 刘 东 许抗生
　　　 朱良志 孙尚扬 李中华 陈平原
　　　 陈 来 林梅村 徐天进 魏常海

总　序

二十世纪三十年代，陈寅恪先生在冯友兰《中国哲学史》下册的《审查报告》中说："窃疑中国自今日以后，即使能忠实输入北美或东欧之思想，其结局当亦等于玄奘唯识之学，在吾国思想史上既不能居最高之地位，且亦终归于歇绝者。其真能于思想上自成系统，有所创获者，必须一方面吸收输入外来之学说，一方面不忘本来民族之地位。此二种相反而适相成之态度，乃道教之真精神，新儒家之旧途径，而二千年吾民族与他民族思想接触史之所昭示者也。"今天读陈先生的话，感慨良多。先生所言之义：佛教传入中国，其教义与中国思想观念制度无一不相冲突。然印度佛教在近千年的传播过程中不断调适，亦经国人改造接受，终成中国之佛教。这足以告知我们外来思想与中国本土思想能够融合、始相反终相成之原因，在于"必须一方面吸收输入外来之学说，一方面不忘本来民族之地位"。这就是我们经常讲的,当下中国文化必须"返本开新"。如有其例外者,则是"忠实输入不改本来面目者,若玄奘唯识之学,虽震荡一时之人心,而卒归于消沈歇绝"。

我以为近代中国落后于西方,不应简单视为文化落后,而是二千多年的农业文明在十八世纪已经无法比肩欧洲工业文明之生产效率与市场资源的合理配置,由此社会政治、国家管理制度也纰漏丛生。由是而观当下之中国,体制改革刻不容缓,而从五四时代以来的文化批判也需深刻反思。启蒙运动对传统文化的批评固然有时代需求,未经理性拷问的传统文化无法随时代而重生。但"五四运动"的先贤们也犯了"理性科学的傲慢",他们认为旧的都是糟粕,新的都是精华,以二元对立的思考将传统与现代对峙而观,无视传统文化在代际之间促成了代与代的连续性与同一性,从而形成了一个社会再创造自己的文化基因。美国学者席尔思写了一部书《论传统》,他说:传统是围绕人类的不同活动领域而形成的代代相传的行为方式,是一种对社会行为具有规范作用和道德感召力的文化力量,同时也是人

总序

类在历史长河中的创造性想象的沉淀。因而一个社会不可能完全排除其传统，不可能一切从头开始或完全取而代之以新的传统，而只能在旧传统的基础上对其进行创造性的改造。此言至矣！传统与现代不应仅在时间序列上划分，在文化传承上可理解为"传统"是江河之源，而"现代"则是江河之流。"现代"对"传统"的理性诠释，使"传统"在"现代"得以重生。由此，以"同情的敬意"理解自己民族的文化传统是当下中国的应有之义，任何历史文化的虚无主义都要彻底摒弃。从"五四"先行者到今天的一些名士，他们对传统文化进行激烈批判，却也无法摆脱传统文化对自己的思维方式和价值观念的影响。这样的事实岂可漠视。

这套《中国文化经纬》丛书是在1993年刊行的《神州文化集成》丛书的基础上重新选目、修订而成。自那时到今天，持续多年的"文化热"、"国学热"，昭示着国人对自己民族文化的认同还处在进行时。文化决定了一个民族的性格，民族性格决定了一个民族的命运。中国文化书院成立至今已有30年了，书院同仁矢志不移地秉承着"让世界文化走进中国,让中国文化走向世界"之宗旨,不负时代的责任与担当。此次与中国书籍出版社合作出版这套丛书,期盼能在民族文化的自觉、自信、自强上有新的贡献。

王守常

2014 年 12 月 8 日

于北京大学治贝子园

前　言

　　科举考试是中国历史上一种十分重要的选拔官员的制度。它创始于隋而确立于唐，完备于宋，而延续至元、明、清，前后经历了一千三百年之久。科举考试制度在相当程度上体现了公平竞争、择优录用的原则，历代统治者通过科举考试，也的确选拔了不少治国安民的有用之才；同时，科举考试制度又成为套在广大士人脖子上的一具枷锁，既禁锢思想，又摧残人材，这在清朝后期尤为突出。关于中国的科举考试制度，有许多宝贵的经验教训值得认真加以总结。以古为鉴，可以察今。本书将主要对中国的科举考试制度本身作一些概括性的介绍，以期引起大家进一步研究的兴趣，进而从中获得应有的教益。本书在写作过程中参阅了吴宗国教授的《唐代科举制度研究》、黄留珠教授的《中国古代选官制度述略》、阎步克教授的《察举制度变迁史稿》、商衍鎏先生的《清代科举考试述录》、邓嗣禹先生的《中国考试制度史》、杨树藩先生的《中国文官制度史》等著作,采用了其中的一些观点,文内未能一一注出,特此说明,并致谢忱。

目 录

总序 …………………………………………………… 1
前言 …………………………………………………… 1

第一章 科举考试制度的创立 ………………………… 1
第一节 科举制度创立前的选官制度 …………… 1
第二节 科举制度萌芽于南北朝，创始于隋而确立
　　　　于唐 ………………………………………… 4
第三节 科举制度的创立是历史的必然 ………… 11

第二章 贡举考试科目 ………………………………… 15
第一节 隋唐时期的贡举科目 …………………… 16
第二节 宋代贡举科目的变革 …………………… 19
第三节 辽金元明清时期的贡举科目 …………… 22

1

第三章　贡举应举人资格 ………………………………… 26
第一节　品行方面 ………………………………… 26
第二节　职业身份方面 …………………………… 27
第三节　服纪方面 ………………………………… 30
第四节　身体方面 ………………………………… 31
第五节　学历方面 ………………………………… 32

第四章　贡举考试方法 …………………………………… 35
第一节　分级考试逐层选拔 ……………………… 35
第二节　考试时间与地点 ………………………… 43
第三节　报考手续 ………………………………… 55
第四节　考场规则 ………………………………… 58
第五节　试卷评定 ………………………………… 71

第五章　贡举考试内容 …………………………………… 84
第一节　进士解（乡）、省（会）试内容 ……… 84
第二节　进士殿试内容 …………………………… 96
第三节　明经诸科考试内容 ……………………… 98
第四节　试卷格式与范例 ………………………… 104

第六章　贡举考试机构及考官 …………………………… 132
第一节　解（乡）试考试机构及考官 …………… 132

第二节　省（会）试考试机构及考官 ………… 137
　　第三节　殿试考试机构及考官 ………………… 142

第七章　贡举及第与授官 …………………………… 145
　　第一节　贡举及第 ……………………………… 145
　　第二节　赐宴、谢恩与期集 …………………… 163
　　第三节　释褐授官 ……………………………… 170

第八章　科举考试制度的废除及其在历史上的地位与
　　　　作用 ……………………………………… 176
　　第一节　科举考试制度的废除 ………………… 176
　　第二节　科举考试制度的历史地位与作用 …… 183

附录一　唐代进士登科表 …………………………… 192
附录二　北宋贡举登科表 …………………………… 201
附录三　南宋贡举登科表 …………………………… 207
附录四　元代进士登科表 …………………………… 210
附录五　明代进士登科表 …………………………… 211
附录六　清代进士登科表 …………………………… 214
出版后记 ……………………………………………… 221

第一章　科举考试制度的创立

第一节　科举制度创立前的选官制度

历史上任何统治阶级，为了实现他们的统治，都必须建立一整套国家机器——官僚机构、军事机构等等，必须拥有一支庞大的官僚队伍和军队。因此，如何选拔官员，就成为历代统治者所面临的一个十分重要的问题。

在我国历史上，时代不同，选拔官员的制度也各有差异。纵观中国古代历史，主要实行过世卿世禄制、察举制和科举制。为了弄清楚科举制度的起源，有必要对其之前的主要选官制度进行一些考察。

夏、商、周主要实行世卿世禄制，又称世官制。最高统治者按宗法制原则，即根据血缘关系的亲疏远近，分封诸侯、卿、大夫等。这些诸侯、卿、大夫等则或父死子继，或兄终弟及，世袭其职，世受其禄。后来的恩荫制度（又称任子、门荫、荫补等），即是这种世卿世禄制的变种或残余。战国时期，"军功"（即按军功大小授爵任官）和"养士"成为选官的重要途径，但未形成比较完备的制度。

两汉时期，主要实行察举制。汉文帝二年（前一七八），诏"举贤良方正能直言极谏者"；十五年（前一六五），又"诏诸侯王、公卿、郡守举贤良能直言极谏者。上亲策之，傅纳以言"（《汉书》卷四《文帝纪》）。此后，特举贤良，策试授官成为一种制度。元光元年（前一三四），汉武帝"初令郡国举孝廉各一人"（《汉书》卷六《武帝纪》）。此后，郡国每岁荐举孝廉，由朝廷加以考核，任命为官，成为定制，这就是察举制。孝廉与秀才（后改称茂才）均每岁举行，是为常科。另外，还有贤良方正、明经、明法等科，但不经常举行，是为特科。察举主要是根据刺史、郡守等地方官或中央的三公、九卿、列侯等官的推荐而选拔官员的制度，故又称为"荐举"。西汉至东汉初期，察举制在实行过程中比较严格，通过察举选拔了不少有用之才。到东汉后期，主昏政暗，外戚、宦官擅权，察举日益缪滥。正如当时人所云："举秀才，不知书；察孝廉，父别居；寒素清白浊如泥，高第良将怯如鸡。"（《抱朴子外篇》卷二《审举》）

第一章　科举考试制度的创立

汉代在主要实行察举制的同时，还用征辟制选拔官员。"征"指皇帝下诏征聘，如汉武帝曾用安车征聘枚乘，汉安帝征聘张衡为郎中，后又迁为太史令；"辟"指公卿或州郡辟除，如汉元帝时，匡衡曾被大司马车骑将军史高辟为议曹史。征辟制固然也可以破格选拔人材，但也有严重的弊病，如公卿、州郡可以利用辟除结党营私。

另外，汉代还通过任子、纳赀等办法选拔官员，但这些都不是主要的入仕途径。

魏晋南北朝时期，与察举等制度相配合，还实行了九品中正制。曹魏黄初元年（二二〇），魏文帝曹丕采纳吏部尚书陈群的建议，"乃立九品官人之法：州郡皆置中正，以定其选；择州郡之贤有识鉴者为之，区别人物，第其高下"（《通典》卷一四《选举二》）。就是州、郡、县设置大、小中正官，由中央选派原籍本处的德才兼备有识鉴的官员担任。大、小中正负责评定辖区内的人物，区别高下，分为九等，即上上、上中、上下、中上、中中、中下、下上、下中、下下九品。这些品级，每三年升降一次。中正官将九品人选上报朝廷，由吏部依据所定品第高下及家世、行状，授予官职。九品中正制在实行初期，把东汉以来州郡名士品评人物之权收归政府任命的中正官手中，这些大、小中正在品评人物时一

3

般比较注意德行和才能的优劣，尚能够选拔出一些有用之才。但到了后来，尤其是西晋之后，门阀世族掌握大权，门第高下成为评定品第的主要依据，形成"上品无寒门，下品无势族"（《晋书》卷四五《刘毅传》）、"世胄蹑高位，英俊沉下僚"（左思《咏史》其二）的局面，九品中正制成为门阀世族维持其特权的工具，成为祸乱之源。

早在西晋时，九品中正制就屡受批评；到南北朝，随着门阀世族的衰落，九品中正制也走向衰落；至隋朝统一全国之后，终于在开皇年间（五八一—六〇〇）被废除，改为主要通过察举选拔官员。如隋文帝开皇十八年（五九八）的以志行修谨、清平干济二科举人；隋炀帝大业三年（六〇七）的以孝悌有闻、文才美秀等十科举人；大业九年（六一三）的以学业该通、才艺优洽等四科举人等等。而在察举制中早就孕育着一种新的选官制度——科举制。秀才、明经、进士等即是由察举转化而来或新设的科举科目。

第二节 科举制度萌芽于南北朝，创始于隋而确立于唐

科举制度究竟创立于何时？历来颇有争议。归纳起来，

第一章　科举考试制度的创立

大致有三种意见：一为创立于隋，二为创立于唐，三为创立于汉。第一种意见可以邓嗣禹、黄留珠为代表；第二种意见可以俞大纲、何忠礼为代表；第三种意见则以徐连达、楼劲为代表。邓嗣禹在《中国科举制度起源考》一文中指出：隋代取士已有"公同考校"之法，"加以进士为科，实始于隋，故溯源厥始，当推及之。特因其制不彰不备，仅具雏形，故谨慎重作结曰：科举之制，肇基于隋，确定于唐。"俞大纲在给邓嗣禹的复函中说："若谓朝廷开科待人，士人投牒自试，始可谓完形之考试制度，则当以唐为始，不可谓肇基于隋，确定于唐矣。"何忠礼在《科举制起源辨析》一文中则断言："科举制的起源和进士科的创立时间都在李唐。"徐连达、楼劲则另立新论，他们在《汉唐科举异同论》中提出科举制创立于汉武帝之时，认为："汉代的察举与唐代的科举基本一致。故察举，科举，一也！""汉代实为科举制的初创期，唐代则系其完善期。"

真可谓众说纷纭，莫衷一是！之所以如此，一个重要原因在于对科举制创立的标准存在着分歧。古人及某些近人以进士科的创置为科举制创立的标志，这显然没有抓住问题的实质。因为汉代察举已"分科举人"，且有秀才、孝廉、贤良方正等科，如果科举与察举没有更本质的区别，那么隋代所创置的进士科也不过是比汉代察举多了一个科目而已。

　　近人对科举制创立的标准，提出了较为科学的看法。邓嗣禹认为："须知科举考试，必由应试人于一定时期，投牒自进，按科应试，公同竞争，试后有黜落，中试者举用之，然后为真正考试"（前引《中国科举制度起源考》）。何忠礼则进一步加以概括，提出科举制应具备三个特点："第一，士子应举，原则上允许'投牒自进'，不必非得由公卿大臣或州郡长官特别推荐。""第二，'一切以程文为去留'。换言之，举人及第或黜落必须通过严格的考校才能决定。""第三，以进士科为主要取士科目，士人定期赴试。"（前引《科举制起源辨析》）邓、何二位对科举制特征的概括，大致是不错的。但是，科举制区别于其他选官制度的最重要的特征，并不是何忠礼所表述的"投牒自进"，也不是金旭东、周东平所表述的"一切以程文为去留"，而应表述为：士人可以自由报考，主要以考试成绩决定取舍。

　　在世卿世禄制中，起决定作用的是血缘关系；在察举制中，起决定作用的是举荐；在科举制中，起决定作用的是考试成绩。可以说，科举制是一种真正的考试制度。"投牒自进"与"一切以程文为去留"，都只是主要以考试成绩决定取舍的表现。正因为在科举制中考试成绩是第一位的，推荐

第一章 科举考试制度的创立

是第二位的,所以举人可以"投牒自进",不必非得他人举荐不可;反之,即使像宋代制举所一度规定的那样,"须近臣论荐,毋得自举"(《宋会要辑稿·选举》一〇之二五),也不能认为它是察举而不是科举。至于"一切以程文为去留",乃是宋仁宗庆历元年(一〇四一)之后的事。前此,"每岁知举官将赴贡院,台阁近臣得保荐抱文艺者,号曰公荐"(《长编》卷四)。宋太祖乾德元年(九六三)九月丙子,始罢公荐。另外,唐代举人除向达官贵人投献诗赋论等作品,即行卷以求公荐之外,还要向知举官投纳省卷,亦称公卷,以供观其素业。知举官根据举人的公卷和程文(试卷)决定弃取高下。宋初因之,于庆历元年始罢天下举人纳公卷。至此,才真正实现"一切以程文为去留"。据上所述,如果要给科举制下一个较为科学的定义,可以概括为:科举制是朝廷开设科目,士人可以自由报考,主要以考试成绩决定取舍的选拔官员制度。

明确了科举制最重要的特征,对于科举制创立于何时的问题就不难解决了。首先,那种认为科举制创立于汉代的说法是不能成立的。虽然汉武帝时曾实行过贤良对策一类的考试,但这种考试并不决定取舍,而只决定高下。正如宋人叶梦得所说:"汉举贤良,自董仲舒以来,皆对策三道。……当时未有黜落法，对策者皆被选，但有高下尔。"（《石林燕语》卷九）也就是说，在察举制中，虽然也是"按科举士、考试进用"，但是举荐是第一位的，考试是第二位的，因而决不能把汉代以来的察举制与隋唐以后的科举制混为一谈。

其次，南北朝后期已经出现了科举制的萌芽。早在刘宋明帝泰始三年（四六七），曾从骆宰议定《策秀孝格》云："五问并得为上，四、三为中，二为下，一不合与第。"（《册府元龟》卷六三九《贡举部·条制一》）《颜氏家训》卷上《勉学》亦云："梁朝全盛之时，贵游子弟，多无学术。……明经求第，则顾人答策。"刘宋时秀才、孝廉对策，五问只答对其一，不予及第；萧梁时贵游子弟为了明经及第竟然雇人答策，可见在察举中考试环节的分量已经大为加重，"以文取人"的原则已被大为强化。这就为科举制的产生创造了条件。

北齐时，更出现了秀才对策的落第者。《北齐书》卷四四《马敬德传》载："依秀才策问，唯得中第；乃请试经业，问十条并通。擢授国子助教，迁太学博士。"依魏齐制度，秀才、孝廉考第有上、中上、中、下四等，中上以上方可叙官。这就是说，马敬德秀才对策落第，改为孝廉试经，方得及第。又《北齐书》卷四四《刘昼传》载："河清初，还冀州，举秀才入京，考策不第。乃恨不学属文，方复缉缀辞藻，言甚古拙。"可知刘昼亦是秀才对策落第者。北齐秀才对策落第者的出现,标志着察举策试与科举考试更为接近了。

其三,科举制创始于隋。隋开皇年间正式废九品中正制,考试成绩在察举中的作用更大了。《北史》卷二六《杜铨传》附《杜正玄传》载:"隋开皇十五年(五九五),举秀才,试策高第。曹司以策过左仆射杨素,怒曰:'周、孔更生,尚不得为秀才,刺史何忽妄举此人?可附下考。'乃以策抵地,不视。时海内唯正玄一人应秀才,余常贡者,随例铨注讫,正玄独不得进止。曹司以选期将尽,重以启素。素志在试退正玄,乃手题使拟司马相如《上林赋》、王褒《圣主得贤臣颂》、班固《燕然山铭》、张载《剑阁铭》、《白鹦鹉赋》,曰:'我不能为君住宿,可至未时令就。'正玄及时并了。素读数遍,大惊曰:'诚好秀才!'命曹司录奏。"由此可以看出,第一,考试成绩的优劣对杜正玄的进用起了决定作用;第二,隋代不但试策,而且加试赋、铭等杂文,次年杜正藏举秀才,亦曾"试拟贾谊《过秦论》及《尚书·汤誓》、《匠人箴》、《连理树赋》、《几赋》、《弓铭》"(《北史》卷二六《杜铨传》附《杜正藏传》)。唐代科举除试策之外,亦加试杂文,当源于此。可见,此时的秀才科与原来察举中的秀才科亦不大相同了。唐初的秀才科亦当源于此。

另外，隋炀帝大业二年（六〇六）创设进士科，其考试方法不详，唐人杨绾云："近炀帝始置进士之科，当时犹试策而已。"（《旧唐书》卷一一九《杨绾传》）进士科既属新创，当与察举原有的秀才、明经等科有所不同，只是史料阙如，难得其详罢了。隋代的进士科与唐代的进士科或许尚有某些差别，但后者源于前者当是无疑的。

其四，科举制确立于唐。武德元年（六一八）五月唐朝建立之后，唐高祖李渊为了巩固其统治，十分注意官员的选拔。《唐摭言》卷一《统序科第》云："始自武德辛巳岁（四年，六二一）四月一日，敕诸州学士及（早）〔白丁〕，有明经及秀才、俊士、进士，明于理体，为乡里所称者，委本县考试，州长重覆，取其合格，每年十月随物入贡。斯我唐贡士之始也。"同上书卷十五《杂记》又载："至五年十月，诸州共贡明经一百四十三人，秀才六人，俊士三十九人，进士三十人。十一月引见，敕付尚书省考试。十二月，吏部奏付考功员外郎申世宁考试，秀才一人，俊士十四人，所试并通，敕放选与理入官；其下第人各赐五匹，充归粮，各勤修业。"由此可知，第一，唐初举人既有生徒（"学士"）又有乡贡（"白丁"）；第二，上承隋制，仍设明经、秀才、俊士、进士四科；州县考试合格方能贡于朝廷，朝廷考试合格才能赐第录用。武德四年这一敕令意义重大，它标志着科举制度至迟在唐高祖武德四年已经完全确立，同时也可推定科举制创始于隋。因为，敕下之日，唐朝建立不到三年，而且仍忙于平定隋朝的残余势力及窦建德等农民起义，戎马倥偬，无暇在选官制度等方面从根本上创立新制，故而可以推断，唐武德四年四月一日敕中所反映的选官之制，大概只是沿袭隋制，并非唐朝新创。当然，现有史料，对隋代的科举制尚未有十分具体和直接的记载，而在唐代，则有大量史料证明，科举制已经形成了一套制度。所以我们说，科举制创始于隋而确立于唐，这一论断是较为稳妥的。

第三节　科举制度的创立是历史的必然

科举制度的创立决不是偶然的，它是社会经济、官僚政治以及选官制度本身长期发展的必然结果。

魏晋以来，国家长期处于分裂状态，门阀世族垄断了清要仕途，九品中正制成为门阀世族维护其政治特权的工具。南北朝时，庶族地主勃兴，门阀世族在各种打击下日趋衰落。隋朝建立之后，重新统一了中国，顺应社会发展的需要，进行了一系列政治改革，地主经济得到很大发展，庶族地主的势力更为加强。庶族地主尤其是中小地主为了维护和扩大其经济利益,迫切需要废除九品中正制,打破门阀世族在政治上的垄断,代之以一种新的选官制度,以便通过较为公平的竞争,进入仕途,跻身统治者的行列。科举制就是适应这一社会变动而产生的。在科举制下,不论门第高下,名义上在考试面前人人平等。这就较多地为广大庶族地主提供了通过公平竞争进入仕途的机会。因而科举制在隋代,随着庶族地主的壮大而产生;在唐代,随着庶族地主的发展而发展;在宋代,则随着庶族地主完全取代门阀世族而趋于完备。

科举制的创立也是封建王朝维护其统治的需要。第一,在察举制下,由于历史条件的限制,选拔官员的范围很小,人数也很有限,因而王朝统治的阶级基础比较薄弱,也难以选拔大批的真正的有用之才。在科举制下,广大士人都可以怀牒自进,贡送中央的人数也大为增加了,这样就扩大了王朝统治的阶级基础,同时也便于从中选拔治国安民之才。第二,在察举制下,州郡长官及中央的某些官员握有选官的大权,举主与被举者之间往往结成座主与门生、故吏的私人关系,不利于中央集权。九品中正制下,门阀世族握有选官大权,非但不利于中央集权,甚至往往与皇权分庭抗礼。而在科举制,州郡只是按照中央政府的统一规定,主持州郡考试,

第一章　科举考试制度的创立

选拔合格者解送中央而已。这最多只是贡士，而不是举官。被举送者所获得的只是参加高一级考试的资格，而不是入仕的资格或官职。所贡之士能否及第、授官，其大权完全在中央，最后在皇帝手中。这样，科举出身的官员不再是举主的故吏、门生，而是"天子门生"了；不再是"恩归私室"，而是"恩由主上"了。隋统一中国之后，正是为了扩大王朝统治的阶级基础，加强中央集权，在废除九品中正制、实行察举制的同时，创立了科举制。科举制度自隋唐至明清，之所以延续了一千三百年之久，也正是因为它适应了历代王朝维护其统治的需要。

科举制的创立又是察举制长期发展的结果。科举制与察举制有许多相似之处。第一，二者都是按科举士，隋唐时科举中的某些科目如明经、秀才，甚至就是直接从察举中转化而来的。第二，科举制是主要根据考试成绩决定取舍；在察举制下，岁举如秀才、孝廉等，在创立之初皆不考试，举送中央即可授官，而特科如贤良方正等，则须经殿廷对策方能授官。从汉武帝时的贤良对策，到汉顺帝阳嘉时的"诸生试家法，文吏课笺奏"，再到两晋、南北朝时的秀才、孝廉对策等，考试的作用越来越重要，"以德取人""以能取人"的因素越来越减弱，而"以文取人"的因素越来越加强。这一发展趋势达到一定程度，在一定条件下，必然从察举制的母体中产生出一种新的选官制度——科举制。在隋代，初步具备了从察举制转化到科举制的社会经济条件，于是科举制便应运而生了。到唐代，在科举制中虽然以考试成绩为主决定取舍，但举荐仍起有一定作用。到宋仁宗之后，则完全以考试成绩决定取舍，科举制发展到相当完备和成熟的阶段。总之，科举制度的创立是一个历史过程。

第二章　贡举考试科目

人们常说："所谓科举，也就是设科取士的意思。"这种说法并不全面，因为按照科学的定义，科举是一种朝廷开设科目，士人可以自由报考，主要以考试成绩决定取舍的选拔官员的制度。虽然如此，而设科取士无疑是科举考试制度中的一项重要内容。

在中国的科举考试制度史上，曾经出现过许许多多的科目，如按种类划分，主要有贡举（本书"贡举"一词均指科举中的"常科"）、制举（指科举中的"特科"）、武举、童子举等；而在贡举、制举、武举中，又分为进士、明经、贤良方正能直言极谏、才识兼茂明于体用等科目。在各类科举考试中，贡举是定期举行的，因此被称作"常科"。其取士数量最多，延续时间最长，影响也最大。因此本书将主要介绍贡举制度的有关情况。

第一节　隋唐时期的贡举科目

　　隋代贡举科目大概有秀才、进士、俊士、明经四科。"秀才"一词最早见于《管子·小匡》，意谓秀异之才，或曰才能优秀。"明经"一词大概始于西汉，意谓通晓经术。汉代时秀才、明经成为察举科目（东汉时，为避光武帝刘秀之讳，曾改秀才为茂才），至隋文帝开皇（五八一—六〇〇）、炀帝大业（六〇五—六一八）年间，又先后成为贡举科目。"俊士""进士"二词，最早见于《礼记·王制》："命乡论秀士，升之司徒，曰选士。司徒论选士之秀者，而升之学，曰俊士。升之司徒者不征于乡，升于学者不征于司徒，曰造士。……大乐正论造士之秀者告于王，而升诸司马，曰进士。司马辨论官材，论进士之贤者告于王，而定其论。论定，然后官之；任官，然后爵之；位定，然后禄之。"这里的"俊士""进士"均非选士的科目，"俊士"是指秀士中的优秀分子，是升于学的士人；"进士"则是指造士中学有所成的优秀者，是可以进用任职享受爵禄的士人。"进士"成为一种贡举科目，约始于隋炀帝大业二年（六〇六）；"俊士"在隋代何时成为贡举科目，史籍语焉不详，尚待考证，大概也在设立进

第二章　贡举考试科目

士科的前后。

唐初贡举之科，多因隋旧。太宗之后，又有很大发展。《新唐书·选举志》云：贡举作为常举，"其科之目，有秀才，有明经，有俊士，有进士，有明法，有明字，有明算，有一史，有三史，有《开元礼》……而明经之别，有五经，有三经，有二经，有学究一经，有三礼，有三传，有史科"。据前所述，秀才、明经、俊士、进士四科，乃因隋之旧，其余则为新设。在这些诸多科目中，又主要以六科取士，故杜佑在《通典》卷十五《选举三》中说："其常贡之科，有秀才，有明经，有进士，有明法，有书，有算。"

在唐代的贡举科目中，秀才科等最高，及第也最难，据《文献通考》及《玉海》所引《登科记》，高祖、太宗、高宗三朝，秀才及第者仅二十九人。由于举人惮于所试方略之策，州长惮于贡士不第而被罚，至高宗永徽二年（六五一）即停此科。玄宗开元二十四年（七三六）之后，虽然又曾恢复秀才科，但是，"其时以进士渐难，而秀才本科无帖经及杂文之限，反易于进士。主司以其科废久，不欲收奖，应者多落之，三十（按"十"字疑为衍文）年来，无及第者。至天宝初，礼部侍郎韦陟始奏请，有堪此举者，令官长特荐，其常年举送者并停"（《通典》卷一五《选举三》注）。从天宝初年开始，"秀才"不再是常举，而只是"特荐"；也就是说，"秀

17

才"作为贡举科目被最终废罢了。此后,"秀才"一词仍然广泛使用,但其含义却起了质的变化。中晚唐的"秀才"乃是进士的通称;宋代之"秀才"泛指应举的士人;明清则专指升入县学的生员。

"明法"乃是西汉以来的察举科目之一,至唐太宗置律学后,始成为贡举科目。而"明字""明算"则是唐太宗置书学、算学之后新设的科目,这三科均为选拔明习法令、文字训诂、数学计算方面的专门人才而设立的,应试与及第者都不太多,社会影响也不大。

有唐一代最主要的贡举科目是明经与进士。唐初,明经只是指通两经者;大概在武则天前后,又增加了五经、三经及学究一经。至德宗贞元二年(七八六),又创设了《开元礼》科;贞元九年(七九三,《通典》卷十五《选举三》系此事于贞元五年,疑误),创置三礼科(指《周礼》《礼记》《仪礼》);穆宗长庆二年(八二二),又创置了三史科(指《史记》《汉书》《后汉书》)、三传科(指《春秋左传》《公羊传》《谷梁传》)。明经所包括的科目最多,取士人数也最多。每开科场,录取进士约为三十人,而明经则为一百人左右,为其他各科的二倍至三倍。明经登科比较容易,因而没有进士及第尊贵,于是有谚云:"三十老明经,五十少进士",意思是说:三十岁明经登科已经显得年纪很老了,而五十岁进士及第却还算是年轻的。

进士科在唐代是最受尊重，也是影响最大的。史书屡称："大抵众科之目，进士尤为贵，其得人亦最为盛焉。"（《新唐书·选举志》）唐代很多著名的政治家、思想家、文学家，如王勃、王维、刘知几、陆贽、颜真卿、白居易、韩愈、柳宗元等，都是由进士出身的。因此，"缙绅虽位极人臣，不由进士者，终不为美"（《唐摭言》卷一《散序进士》）。如薛元超曾说："吾不才，富贵过人，平生有三恨：始不以进士擢第，不娶王姓女，不得修国史。"（《唐语林》卷一《企羡》）连唐宣宗也十分羡慕进士，以至于在宫廷中自题"乡贡进士李显龙"（同上）。

第二节　宋代贡举科目的变革

北宋前期，承唐及五代之制，贡举科目主要有进士、明经、诸科。其中诸科又包括九经、五经、三礼、三传、三史、学究、开元礼（后改为开宝通礼）、明法等科。这里有两点需要加以说明。

第一，诸科之中，增加了九经一科。九经科始置于后唐初年，是以考试《周易》《尚书》《毛诗》《礼记》《周礼》《仪礼》《春秋左传》《公羊传》《谷梁传》等九部儒家经典取士的贡举科目。此科在诸科中科等最高，宋代此科也的确选拔了一些博学通经之士，如宋初孔维、孙奭、李觉等名儒，皆为九经及第。

第二，宋代明经科与唐代有很大的不同。唐代明经包括五经、三经、二经、学究一经及三礼、三传、三史、开元礼等，以试帖经、墨义为主；宋代则将九经、五经、学究、三礼、三传、三史、开元礼（通礼）、明法等科统称为"诸科"，亦主要试帖经、墨义。宋代的明经科是在诸科之外，于仁宗嘉祐二年（一〇五七），为了革除"诸科徒专诵数之学，无补于时"的弊病，特设的一种科目。据《宋会要辑稿·选举》三之三四载，嘉祐二年十二月五日诏曰："其明经科并试三经，谓大经、中经、小经各一也。……每经试墨义、大义各十道，仍帖《论语》《孝经》十道，分八场，以六通为合格。又试时务策三道，以文词典雅者为通。其出身与进士同。"次年三月，又改为"试墨义、大义各二十道，帖小经十道，试策三道。……御试明经大义十道"（同上书三之三五）。由此可知，宋与唐之明经科的主要区别有二：一是考试重点由帖经、墨义变为大义，二是提高了及第者的地位，其待遇与进士相同。大概由于经书大义难通，故明经科取士不多，每榜不过三五人。

北宋中期，经过王安石变法，贡举科目发生了重大变化。熙宁四年（一〇七一）二月一日，王安石改革贡举，其重要内容之一，就是罢明经、诸科，专以进士一科取士。其具体做法是：（1）立即废罢明经，使之改应进士科。（2）诸科在经一次科场即熙宁六年（一○七三）科场之后，除旧应诸科人外，不得新应诸科举，这也就是让诸科随着旧应人的销尽而消亡。（3）熙宁六年，又改明法科为新科明法，只允许曾于熙宁五年以前应明经及诸科人应试，目的在于以待诸科之不能改进士者，亦即销明经、诸科旧额。结果，到徽宗崇宁元年（一一○二），诸科基本消亡；到政和六年（一一一六），随着旧应诸科曾得解者的销尽，诸科及新科明法彻底消亡，完全变为进士一科取士了。

王安石断然废除诸科，是因为诸科主要以帖经、墨义取士，专取记诵，不询义理，难以选拔通经致用之材。那么，他为什么连同明经也一并废除呢？王安石之所以废罢明经，并非此科不善，而是因为既然进士科罢诗赋、帖经、墨义，专以经义、论、策取士，进士科与明经科就没有什么大的区别了，也就是说，实际上是将明经科改称为进士科，明经科也就没有必要继续存在下去了。

需要说明的是，北宋哲宗元祐年间及南宋时，进士科又曾分为经义进士和诗赋进士（或称经义兼诗赋进士）两种名目。有人误以为是两种科目。其实，二者的区别仅在于：经义进士解试、省试三场考试项目为经义、论、策；诗赋进士解试、省试三场考试项目为诗赋、论、策。而殿试仍统一试策；在及第、授官及迁转等方面也都没有任何区别。因此，可以说，王安石贡举改革之后，宋代贡举科目即为进士一科了。这是科举史上的一个重大变化。

第三节　辽金元明清时期的贡举科目

先后与两宋南北对峙的辽、金的贡举科目，也与宋大致相同。辽代主要有诗赋（词赋）进士、经义进士及律学科。进士为正科，律学为杂科。律学即类似于唐宋的明法科。金代贡举科目则主要有经义进士、词赋进士、策试进士、策论进士及律科。金海陵王天德三年（一一五一），罢策试进士、经义进士。世宗大定二十八年（一一八八）复置经义进士科，而策试进士未再恢复。辽、金的经义进士、词赋进士，与宋之经义进士、词赋进士有所不同。如前所述，宋之经义进士、诗赋进士实为一科，辽、金之经义进士、词赋进士似应为两科，因为其殿试乃各试本业，分立甲次，各有魁首。如金章宗承安五年（一二〇〇）词赋魁为阎泳，经义魁为李俊民。即所谓"一场放二状元"（《金史·选举志》）至章宗承安四年（一一九九），始规定"止选一状元"；"〔词赋进

第二章　贡举考试科目

士〕第一名为状元，经义魁次之"（《金史·选举志》）。而策论进士仍另有魁首。

金代最具特色的贡举科目是女真进士科，因其考试项目主要为时务策和论，故又称策论进士。此科创立于金世宗大定十一年（一一七一），程文使用女真字，是特为女真人而设的。此科考试分府试、会试、殿试，每试分策、诗、论三场，单独考校，另立魁首。如大定十三年，即取徒单镒以下二十七人。金世宗为什么特设女真进士科？《金史·选举志》云："金承辽后，凡事欲轶辽世，故进士科兼采唐、宋之法而增损之。……若夫以策论进士取其国人，而用女直文字以为程文，斯盖就其所长以收其用，又欲行其国字，使人通习而不废耳。"女真进士科的设立，的确是金比之于辽的一大进步。辽朝不许契丹人应举，辽兴宗重熙年间（一〇三二—一〇五五），耶律蒲鲁举进士第，其父反而以"擅令子就科目"受到责罚（《辽史》卷八九《耶律庶成传》）。金朝特设科目，鼓励女真人应举，这对于选拔女真族人材，及发展女真文化，都起到了一定的积极作用。

继南宋、金之后的元代，开国初期不重视科举取士，至仁宗皇庆二年（一三一三），始正式颁行科举之制。其贡举科目只有进士一科，但在实行时却分为两榜。元朝统治者实行民族歧视政策，将其所统治的各族人民分为四等。第一等

23

为蒙古人；第二等为色目人，指西北各族、西域以至欧洲来华的各族人；第三等为汉人，指淮河以北原金朝境内的汉族和契丹、女真等族，以及较早为蒙古征服的云南、四川两省人；第四等为南人，指最后为元朝征服的原南宋境内的汉族及其他各族人。这四等人在政治地位、法律地位等方面是不平等的。反映在科举制度方面也是如此。蒙古人、色目人为一榜，称为"右榜"（蒙古以右为上），汉人、南人为一榜，称为"左榜"，两榜分别考校，亦各有魁首。如元惠宗元统元年（一三三三）右榜第一名为同同，左榜第一名为李齐。元代贡举科目可以概括为"一科两榜"，仍然基本上承袭了王安石的以进士一科取士之制。

明、清两代，贡举科目承宋、元之制，亦仅为进士一科。

由以上可知，在一千三百多年的科举史上，贡举科目的设置，大致可分为两个阶段：在宋神宗熙宁四年（一〇七一）王安石贡举改革之前的四百六十多年间，为进士、明经、诸科取士阶段；在王安石贡举改革之后（事实上是宋徽宗政和六年〔一一一六〕之后）的八百三十多年间，为进士一科取士阶段。这说明，贡举科目经历了一个由繁到简的发展演变过程；同时也说明，进士科是贡举中最主要、最受重视的科目。为了使大家对历代贡举科目的沿革更加清楚明了，现特制《历代贡举科目沿革简表》如下：

第二章 贡举考试科目

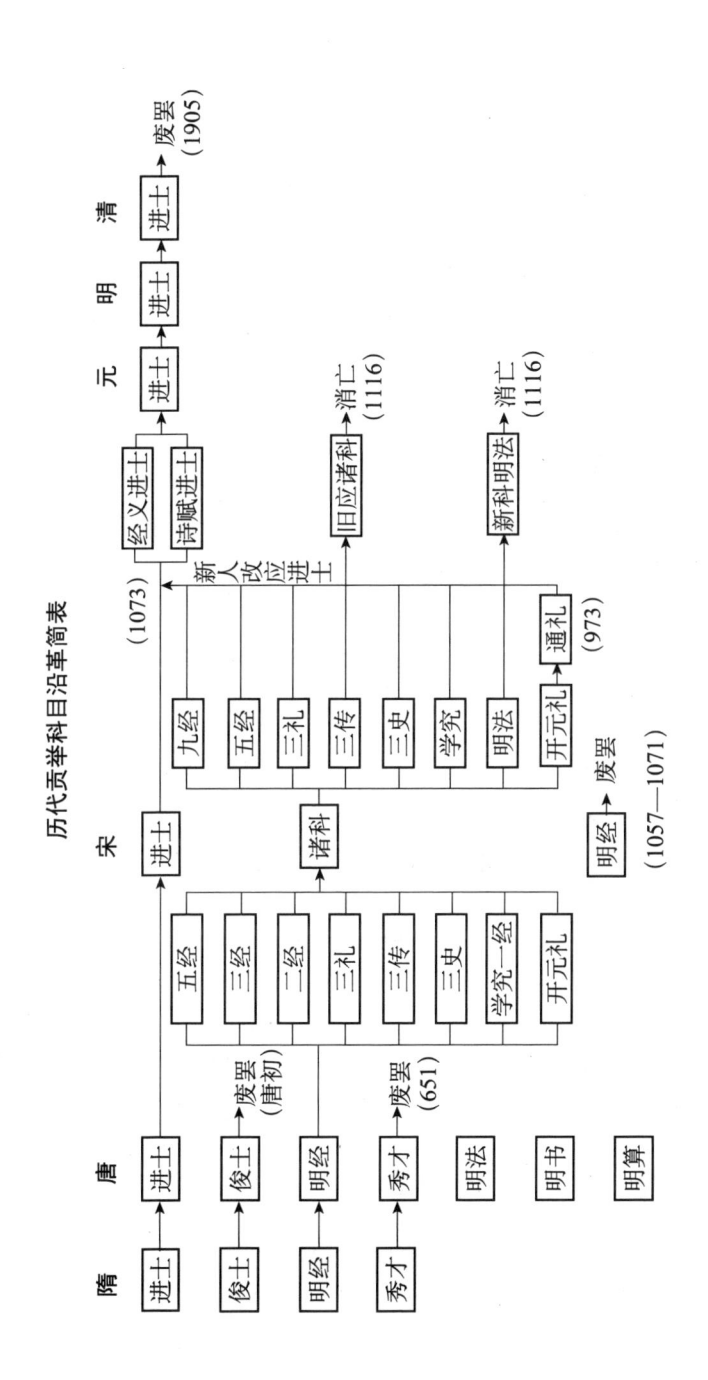

历代贡举科目沿革简表

隋	唐	宋		元	明	清
进士→	进士→	进士	经义进士→	进士→	进士→	进士→废罢(1905)
俊士→	俊士→废罢(唐初)		诗赋进士			
明经→	明经→	诸科: 九经、五经、三礼、三传、三史、学究、明法 → 新科改应进士 (1073) → 旧应诸科→消亡(1116)				
秀才→	秀才→废罢(651)		新科明法→消亡(1116)			
明法		开元礼→通礼(973)				
明书		明经→废罢(1057—1071)				
明算						

诸科下含：五经、三经、二经、三礼、三传、三史、学究一经、开元礼

25

第三章　贡举应举人资格

科举考试与察举的重要区别之一，就是士人不须推荐，而可以"怀牒自列于州县"，即自由报考。但也并不是所有的士人都可以应举，而是有一定的限制。不同朝代其规定有所不同，归纳起来，大概有以下几个方面。

第一节　品行方面

科举取士的主要目的是选拔统治人材，当然应该十分重视应举人的品行。唐宪宗元和二年（八〇七）十二月敕："自今以后，州府所送进士，如迹涉疏狂，兼亏礼教，或曾为官司科罚，或曾任州府小吏，一事不合入清流者，虽薄有词艺，并不得申送入。"（《册府元龟》卷六四〇）所谓"迹涉疏狂，兼亏礼教"以及"曾为官司科罚"，都属品行不端，因而不许应举。

宋朝规定得更加具体。如庆历四年（一〇四四）贡举新制云："……二、曾犯刑责；三、不孝不悌，迹状彰明；四、故犯条宪，两经赎罚，或未经赎罚，为害乡里……并不得取应。"（《宋会要辑稿·选举》三之二五）何谓"曾犯刑责"？宋真宗景德三年（一〇〇六）二月七日，诏曰："贡举人因事殿举及永不得入科场，非被杖者，并许复应举"（《宋会要辑稿·选举》三之八）。这就是说，曾受杖以上刑罚，不得应举。后来，又逐渐放宽了这一限制。如宋徽宗宣和七年（一一二五）十一月十九日，南郊赦书云："应举人因事殿举及不得入科场之人，除犯罪徒以上及真决并假名代笔情理重人外，可并许应举。"（《宋会要辑稿·选举》四之一六）这样，就把刑责放宽了五等。

辽金元与唐宋略同。如辽代规定："犯事逃亡者，不得举进士。"（《辽史·兴宗纪》）元代规定："犯十恶、奸盗之人，不许应试。"《元史·选举志》）明清对参加童试者亦有类似规定。

第二节　职业身份方面

隋唐以来，"取士不问家世"，即应举不问家庭出身。但对其本人的职业身份，仍有一定限制。

其一是，曾为僧道者不得应举。如宋太宗太平兴国八年（九八三）十二月甲辰，诏曰："自今贡举人内有曾为僧道者，并须禁断。"（《太宗实录》卷二七）而曾为僧道者的子弟，完全可以应举。如北宋进士杨何，其父即曾为道士，母曾为尼姑（《鸡肋编》卷上）。

其二是，吏人不得应举。如唐宪宗元和二年（八〇七）敕规定："曾任州府小吏"，"虽薄有词艺"，也不得应举（《册府元龟》卷六四〇）。宋真宗端拱二年（九八九）三月，中书令史守当官陈贻庆应《周易》学究举及第。真宗得知此如，即令追夺所授敕牒，勒令仍然为吏，并下诏说："今后吏人无得应举。"究其原因，宋末元初人马端临认为："盖惟恐杂流取名第，以玷选举也。"大概是因为恐怕"杂流"科举入仕，而玷污了选举的清名（《文献通考》卷三一）。明朝也规定："隶卒之徒"不许入试（王圻《续文献通考》卷四五）。又规定："吏胥心术已坏，不许应试。"（《明会典》卷七七《科举通例》）

其三是，"工商杂类"不得应举。重农抑商是中国封建社会的传统政策，隋唐以前，均规定："工商不得入仕。"（《通典》卷一四）唐朝后期，曾有工商业者改业三年之后可

第三章 贡举应举人资格

以入仕的规定。到宋代，随着手工业、商业的发展，工商业者的社会地位得到了相应提高，赵宋王朝也就放宽了对工商业者应举的限制。如宋太宗在淳化三年（九九二）三月二十一日的诏书中，一方面规定："工商杂类"不得应举；另一方面又说："如工商杂类人内有奇才异行、卓然不群者，亦许解送。"（《宋会要辑稿·选举》一四之一五）此例一开，实际上就没有什么限制了。至于工商业子弟应举者，更是比比皆是。如皇祐元年（一〇四九）连中三元的冯京，就是一个商人之子。辽朝亦有"禁商贾之家应进士举"的规定（《辽史·天祚帝纪》）。

其四是，"倡优之家"及"放良人"等不得应举。如辽兴宗重熙十九年（一〇五〇），"诏医卜、屠贩、奴隶及倍父母或犯事逃亡者，不得举进士"（《辽史·兴宗纪》）。金朝曾下诏规定："放良人不得应诸科举，其子孙则许之。"（《金史·选举志》）所谓放良人是指原为奴而免为良民者。元、明亦屡有"倡优之家不许应试"的规定（《通制条格》卷五《科举》，《明太祖实录》卷一六〇洪武十七年三月戊戌朔）。《清史稿·选举志》亦载："倡、优、隶、皂之家……不得与试。"其用意大概也同不准吏人应举一样，是恐怕"杂流"入仕，玷污科举的清名吧！

第三节　服纪方面

中国封建社会非常重视孝行。父祖等亲属去世，子孙等应按规定服丧。在服丧期间，有不准婚嫁、作乐等禁忌。多数朝代，还禁止士人在服丧期间应举。如宋真宗天禧三年（一〇一九）正月，郭稹冒缌麻丧应举，因而被罚未来三次科场不得应举（《长编》卷九三）。缌麻丧（三月丧）即不准应举，限制面太大了，不久即有所放松。天禧四年（一〇二〇）三月二十八日，改为"举人有期周尊长服者，依旧制不得取解，余服悉听"（《宋会要辑稿·选举》一五之三）。这就是说，除了为父母、祖父母、伯叔父母及兄长服丧期间不得应举外，其他均可应举。"期丧"期限为一年，在此期间不得应举，时间仍嫌太长。宋神宗三年（一〇七〇）十一月五日，乃规定："今后期丧已满三月者，并听应举。"（《宋会要辑稿·选举》三之四三）时间大为缩短了。

元朝规定："汉人、南人有居父母丧服应举者，并殿二举。"（《元史》卷八一《选举志》一）明、清时亦规定："居父母丧者，并不许入试。（《太宗实录》卷一六〇，洪武十七年三月戊戌朔；《清史稿》卷一〇八《选举志》三）其丧服减少到只是父母丧。父母丧期限为三年，实为二十七个月。其服丧时间是否必须满二十七个月才能应举，未见明文规定。即使如此，其服纪限制也大为减少了。

第四节　身体方面

既然科举考试的主要目的在于选拔治国安民的统治人材，当然也要求应举人身体健康。中国古代把残疾人分为残疾、废疾、笃疾三等。一般朝代都不准废疾、笃疾人应举。如宋太宗"太平兴国三年（九七八）九月二日，诏自今进士及诸科贡举人被废疾者，诸州不得解送，礼部不授牒"（《宋会要辑稿·选举》一四之一四）。何谓"废疾"？《宋刑统》卷十二引《户令》云："诸一目盲、两耳聋、手无二指、足无三指、手足无大拇指、秃疮无发、久漏下重、大瘿瘇，如此之类，皆为残疾。痴哑、侏儒、腰脊折、一支废，如此之类，皆为废疾。〔恶〕疾、癫狂、二支废、两目盲，如此之类，皆为笃疾。"显然身患"废疾"者不便于做官，举人资格的这种限制是可以理解的。既然如此，身患较"废疾"更重的"笃疾"，当然更不能应举了。那么较"废疾"为轻的"残疾"者可否应举呢？史无明文，但据《吹剑录外集》载：

"淳祐十年（一二五〇），状元严州方梦魁，赐名逢辰，右足跛，左目瞽。""是榜第四川人杨潮、省元泉州陈应雷，皆瞽一目。"据上引《户令》，"一目盲（瞽）"为"残疾"，可见身患"残疾"者是可以应举的。

"废疾"以上者不得应举，此制一直为元、明、清所沿用。如元《通制条格》卷五《科举》载："患废疾……之人，不许应试。"

第五节 学历方面

唐代举人，无论是"生徒"，还是"乡贡"，没有学历的限制，均可应举。唯玄宗天宝十二载（七五三）七月十三日诏："天下举人，不得充乡赋，皆须补国子学士及郡县学生，然后听举。"（《唐会要》卷七六《缘举杂录》）仅仅过了两年，到天宝十四载，就又恢复了旧制。

宋初，仍沿唐及五代之制。仁宗庆历四年（一〇四四）三月，范仲淹等改革科举，规定"国子监生徒听学满五百日"，诸州县学生徒"并以入学听习三百日，旧得解人百日以上，方许取应"（《长编》卷一五三，庆历四年十一月戊午朔）。到十一月，即"诏罢天下学生员听读日限"（同上）。

第三章 贡举应举人资格

五年三月，新政失败，一切又恢复旧制了。

宋徽宗崇宁三年（一一〇四）十一月，以三舍法遍行天下，乃诏"废州郡发解及省试法，其取士并由学校升贡"（《宋会要辑稿·选举》四之四）。即士人必须由县学升入州学，再由州学升入太学。太学岁试入上等者即可赐第授官；入中等者，则可参加每三年举行一次的殿试，第其高下，赐第授官。也就是说，只有取得太学生员的资格，才能参加科举考试。由于种种原因，此制只实行了十八年，到宣和三年（一一二一）二月亦遭废罢，举人便无学历要求了。

到明代，国子监及府、州、县学振兴，各行省（布政使司）特置提学官，负责每年考试管内诸生，即"岁考"。另外，每三年还要举行一次参加乡试的选拔考试，即"科考"。经过岁考、科考合格的州县学的生员（包括廪生、增生、附生等）以及国子监的生员（包括举监、贡监、荫监、例监等），才能取得参加乡试的资格。这样，入学听习就成了科举的必由之路。即《明史·选举志》所说的："科举必由学校。"

清因明制，各省府州县学有廪生、增生、附生。国子监"肄业生徒，有贡、有监。贡生凡六：曰岁贡、恩贡、拔贡、优贡、副贡、例贡。监生凡四：曰恩监、荫监、优监、例监。

荫监有二：曰恩荫、难荫。通谓之国子监生"（《清史稿》卷一〇六《选举志》一）。其中岁贡、恩贡、拔贡、优贡、副贡等五贡尤为人们所重视，由五贡出身而任官职者亦被称为正途。清代府、州、县学生员，科考在一、二等及三等大省前十名、中小省前五名者，方准许参加乡试；其余须由学政考试录科，方能送考。在国子监肄业的贡生与监生，经国子监考试录科，才能参加乡试。这一制度直到科举被废罢，一直未改，对举人学历的这种要求，表明科举与学校的关系更加紧密而不可分割了。

综上所述，隋唐以来，科举取士不问家世，但对其本人在德行、身份、身体等方面则有一定的要求。但历代对应举人资格的限制并不苛刻，而且有逐渐放宽的趋势。这就使一般人均可参加科举考试，封建国家取士的范围也就扩大了。这对于选拔经国安民之才，维护封建王朝的统治，显然是有利的。

第四章　贡举考试方法

从隋唐至明清，贡举考试逐步建立起一套比较严密完备的方法，陆续制定了一系列防弊措施，以利于防止徇私舞弊，"辟四海孤寒之路"；示人"至公无私"，收天下举人之心。同时，也使贡举考试更加制度化、程序化，以便于士人应举赴试和朝廷选官择人。

第一节　分级考试逐层选拔

一、分级考试

贡举考试是分级进行的，及第者则是逐层选拔出来的。隋代的贡举考试方法如何，不得其详，有待于进一步考证，而唐代一般是分解试与省试两级进行的。解试是取得解送中央参加省试资格的考试。《通典》卷一五《选举三》载："每岁仲冬，郡、县、馆、监课试其成者。……既饯，而与计偕。"唐代解试又分为国子监、学馆试与州县试。国子监（下属国子学、太学、四门学、律学、书学、算学）、弘文馆、崇文馆及州县学馆的生员称作"生徒"。生徒在国子监及学馆考试合格，即可参加省试。不在学馆而自州县应举者，称为"乡贡"。进士出身的韩愈在谈到贞元年间（七八五一八〇五）乡贡情况时说："天下之以明二经举于礼部者，岁至三千人。始自县考试，定其可举者，然后升于州若府，其不能中科者，不与是数焉。州若府总其属之所升，又考试之，如县加察详焉，定其可举者，然后贡于天子，而升之有司，其不能中科者，不与是数焉。谓之乡贡。"（《韩昌黎集》卷二〇《赠张童子序》）就是说，乡贡进士、明经须先"怀牒自列于州县"，即持家状到州县报考，经考试合格，亦可参加省试。事实上，乡贡进士、明经一般只到州府取解，而不一定参加县试，只要州府一级考试合格，就可以参加省试。

唐代省试是尚书省礼部（初为吏部）主持的对生徒、乡贡举人的覆考，也是贡举的最高一级考试。省试合格，即赐及第；不合格者，则黜落之。

宋初承唐及五代之制，仍分为解试、省试两级考试。太祖开宝六年（九七三）创立殿试制度之后，始成为三级考试。宋代解试不仅包括国子监试、州府试，还包括诸路转运司的漕试等。仁宗景祐四年（一〇三七），为了避亲，以防作弊，由诸路转运司举行对本路现任官亲属的发解考试，此后遂形成制度。因转运司俗称"漕司"，故称"漕试"，又称"牒试"。实际上是州府解试的别头试。其方法是：由转运司类聚本路现任官所牒送随侍子弟和五服内亲戚，以及寓居本路士人、有官应举人、宗女夫等，别差官考试，试法同州府解试，解额稍优。漕试合格，亦可参加省试。

宋代省试仍为解试上一级的考试。正如《朝野类要》卷二所云："诸州及漕司解士，就礼部贡院锁试，名曰省试。"与唐代所不同的是，太祖开宝六年（九七三）以前，省试为贡举的最高级考试；开宝六年创立殿试制度之后，省试则成为三级考试中的第二级考试。不过，在某种意义上说，省试仍为最重要的一级考试，在嘉祐二年（一〇五七）殿试免黜落之后，更是如此。另外，南宋初年在诸路及整个南宋时期在四川地区，曾由诸路转运司及四川制置司，举行类似于礼部省试的考试，史称"类省试"，有时简称"类试"。类省试合格，可直接参加殿试，亦可不参加殿试而直接赐予及第出身。

宋代分级考试与唐代最大的不同，是在省试之上创立了殿试制度。殿试是由皇帝亲自主持的对省试合格奏名举人的覆试，又称御试、亲试、廷试等，是三级考试中最高、最后的一级考试。关于殿试创立的经过，南宋史学家李焘有详细记载。其所著《长编》卷十四云：开宝六年（九七三）三月辛酉，新及第进士、诸科诣讲武殿谢。宋太祖"以进士武济川、三传刘浚材质最陋，应对失次，黜去之"。武济川是权知贡举李昉的同乡，太祖很不高兴。"会进士徐士廉等击登闻鼓，诉昉用情，取舍非当"，"乃令贡院籍终场下第者姓名，得三百六十人"。"癸酉，皆召见，择其一百九十五人，并〔宋〕准以下及士廉等，各赐纸札，别试诗赋。""乙亥，上御讲武殿亲阅之，得进士二十六人……皆赐及第。……自兹殿试遂为常式。"

这里有两个问题需要进一步说明。首先，殿试制度究竟创立于何时？《通典》卷一五《选举三》云："武太后载初元年（六九〇）二月，策问贡人于洛城殿，数日方了。殿前试人自此始。"于是，不少人将武则天的"殿前试人"等同于宋代的殿试。其实，殿试制度始于武后之说是不能成立的。《册府元龟》卷六四三以及《大唐新语》卷八《文章》均系此事为制举。而制举亲试则始于高宗调露元年（六七九）。

第四章 贡举考试方法

其次,即使是贡举,武后"殿前试人"也并非贡举三级考试中的殿试,而实际上仍是省试。正如马端临在《文献通考》卷三〇及卷二九的按语中所反复指出的那样:"殿前试士始于唐武后。然唐制以考功郎中任取士之责,后不过下行其事,以取士誉,非于考功已试之后再试之也。""武后所试诸路贡士,盖如世之省试,非省试之外再有殿试也。"再次,唐代"策问贡人于洛城殿"仅武则天这一次,只是偶尔为之,并未形成制度。所以,作为贡举三级考试最高一级的殿试,应该说始于宋太祖开宝六年(九七三),大多数宋代以来的学者也是这样认为的。

需要说明的第二个问题是,宋太祖为什么创立殿试制度?根据开宝六年及八年的诏书,宋太祖创立殿试制度,似乎只是为了"精辨否臧""克叶至公",防止势家垄断科举,"致害孤寒之路"。诚然,这无疑是其创立殿试制度的重要原因之一。因为开宝六年的殿试,就是由下第举人徐士廉等击登闻鼓,诉权知贡举李昉用情、取人不当而引起的。但宋太祖创立殿试制度的主要用意并不在此,只是诏书中不便于明说罢了。首先,徐士廉击登闻鼓,请求殿试,不仅诉说李昉用情,而且建议收科举取士之柄。据柳开《河东集》卷八《与郑景宗书》载,徐士廉当晚被太祖召见,"即道贡举人事,

39

请太祖试之,曰:'方今中外兵百万,提强黜弱,日决自上,前出无敢悖者。惟岁取儒为吏,官下百数,常常赘戾,以其授于人而不自决致也。为天下国家,止文与武二柄取士耳,无为其下鬻恩也。'太祖即命礼部所中、不中贡举人,到于殿廷试之,得百二十七人,赐登高第"。正是收科举取士之柄,"无为其下鬻恩"这些话,打动了太祖的心。其次,北宋许多臣僚、学者都有类似的看法。如张方平在《乐全集》卷三九《梁固墓志铭》中说:"初,艺祖(按指宋太祖)深讲治要,总揽权纲,以谓取士官材,为国基本,乃人主之柄,非下所宜专,始御便殿,亲阅春官(按指礼部知贡举官)所奏名士。至太宗遂以为常。"由此可见,宋太祖创立殿试制度,主要是鉴唐之弊,收揽威权,在收兵权之后,把科举取士的大权也收归自己亲自掌握,变"恩归有司"为"恩由主上",防止知贡举官与及第举人结党营私,以巩固和加强赵宋王朝的专制主义的中央集权。

殿试制度的创立,使分级考试逐层选拔臻于完备。不但为同时代的辽、金所仿效,而且为后来的元、明、清所沿袭。辽初仿唐制,科举"有乡、府、省三试之设。乡中曰乡荐,府中曰府解,省中曰及第"(《契丹国志》卷二三《试士科制》)。到兴宗重熙五年(一〇三六),又仿宋制,加殿试一级。金初承辽制，设乡、府、会（省）、殿试四级考试。但因会试在燕京（今北京）举行，殿试要到上京临潢府（今内蒙古昭乌达盟巴林左旗南波罗城）举行，而且不再考试，仅据会试榜唱名赐第而已。应举者多为汉人，以路途遥远，不愿前往，殿试遂废。至海陵王天德二年（一一五〇），始复殿试之制。到章宗明昌元年（一一九〇），"言事者谓举人四试，而乡试似为虚设，固当罢去"，于是"诏免乡试"，同宋一样，成为府、会、殿试三级考试（《金史·选举志》）。

元仁宗皇庆二年（一三一三）复科举，仿宋、金之制，分乡试（即解试）、会试（即省试）、殿试三级考试。明、清因之。清代乡、会试之后虽有覆试，但只是防止作弊的一种措施，而不是一级考试。因此，可以说，三级考试制度直到清末科举废罢，一直沿用未改，成为不易之制。

二、逐层选拔

唐代解试、省试是逐层选拔的。合格者或参加上一级考试，或赐及第；不合格者则黜落之，后举再试。宋初因之。宋太祖开宝六年（九七三），增设第三级考试——殿试，起初仍然是逐层选拔。省试合格奏名举人，经过殿试，仍黜落不少。如太宗端拱二年（九八九），礼部奏名合格进士三六八人，殿试仅取一八六人；仁宗宝元元年（一〇三八），礼部奏名合格进士四九九人，殿试则取三一〇人，两榜殿试黜落者竟分别占礼部奏名合格人数的49%和38%！但自嘉祐二年（一〇五七）起，殿试非杂犯（指犯皇帝名讳等）不复黜落。神宗元丰年间（一〇七八——一〇八五）起，"杂犯亦或取录，遂使过省举人便同及第，纵使纰缪，亦玷科举"（《长编》卷四〇九）。哲宗元祐八年（一〇九三）三月，则下诏曰："其杂犯举人未得黜落，别作一项闻奏。"（《宋会要辑稿·选举》八之三七）此后，殿试杂犯者，或特恩与同学究出身，或与下州文学。这样，殿试完全只决定名次高下，而不决定去取了。

那么，为什么嘉祐二年之后殿试不黜落了呢？宋人已众说纷纭，李复圭认为，是"以进士群辱欧阳修之故"；王栐认为，是因"张元积忿降元昊"，而"为天下后世士子无穷之利"（《燕翼诒谋录》卷五）。邵伯温认为，是出于仁宗对"远方寒士下第贫不能归"的恻隐之心（《邵氏闻见录》卷二）。这些说法虽然都不无道理，但总使人感到似是而非。我认为，其主要原因大概有三：第一，是因为已经减少并限定了礼部奏名的数额。在嘉祐二年之前，即皇祐五年（一〇五三），"诏礼部，应进士、诸科奏名，皆以四百人为额"（《宋会要辑稿·选举》三之三二)。即平均每年进士、诸科奏名各一百人。自此至北宋末,省额均以此数为准。此数已低于前此仁宗朝殿试各榜的取士人数,因而可以实行殿试不黜落。第二,是为了使举人感恩而不积怨。殿试及第,成为"天子门生",举人当然会对皇帝感恩戴德。但是,如果省试合格而累经殿试不中,必然会积怨于主持殿试的皇帝。这样反倒成了"恩归有司"而"怨由主上"了。而且,殿试黜落往往比省试黜落更令举人懊丧和怨愤。这当然是帝王们所不希望的。省试减少奏名数额而殿试不复黜落,则举人对皇帝只会感恩而不会抱怨了。第三,解试已经过初选,省试又有一整套相当完备的制度,所取人数既已减少,则必然较精,即使殿试不黜落,也不至于有大的舛误。由以上可见,分级考试、逐层选拔之法,既达到了选拔人才的目的,又收到了笼络士人的效果。正因为如此,解、省试层层选拔,而殿试只定高下而不黜落之法,遂被辽、金、元、明、清所沿袭,亦成为不易之制。

第二节　考试时间与地点

一、贡举考试时间

考试时间经历了一个由不定期到定期的发展变化过程,

最后成为定制。首先，关于开科考试的频率。唐及五代，原则上每年均开科场取士。据《文献通考》卷二九所载《唐登科记总目》及徐松《登科记考》，有唐二百八十九年间，仅有二十年不贡举。其中十六年发生在唐睿宗景云元年（七一〇）之前；此后近二百年间，停贡举者只有四年。据《文献通考》卷三十《五代登科记总目》及《登科记考》，五代五十二年间，只有梁与晋各停贡举二年，而且是"举子学业未精"之故。

宋初，承唐及五代之制，仍逐年贡举。太祖朝，只有开宝七年（九七四）、九年（九七六）两年未开科场。太宗朝则每隔一、二年乃贡举，甚至连续五年不开科场。真宗初，又连续三年贡举。到仁宗朝，则往往每四年才一开科场。

这样，开科时间不定，间隔时间又太长，势必给朝廷和应举人都会带来许多不便。仁宗嘉祐二年（一〇五七），上封者言："四年一贡举，四方士子客京师以待试者，〔恒〕六七千人，一有喧噪，其徒众多，势莫之禁。且中下之士，往往废学数年；才学之士，不幸有故，一不应诏，沉沦十数年；或累举滞留，遂至困穷，老且死者甚众。以此，毁行冒法干进者，不可胜数。宜间岁一贡举，中分旧数而荐之。"于是下有司商议，而议者乃合奏曰："臣等谓易以间岁之法，无害而有利。"理由有三：其一，"使举子不幸有疾病、丧服之故者，不至久沉"；其二，"程文偶不中选，旋亦遇贡举，则下无滞才之叹"；其三，"天下所荐数现减半，礼部主司易以详较，得士必精矣"（以上均见《长编》卷一八六嘉祐二年十二月戊申条）。于是，当年十二月五日乃下诏曰："自今间岁一开科场，天下进士、诸科并解旧额之半。"（《宋会要辑稿·选举》三之三三）

间岁贡举之制实行了五榜之后，又发现了一些不便之处。主要是当年春末殿试落榜，第二年秋天即要再去取解，冬天又要去赶省试，边远州郡，路途往返，不但劳苦不堪，而且无暇习业。早在嘉祐二年（一〇五七）议改间岁贡举之时，胡宿就指出："使士子废业而奔走无宁岁，不如复用三岁制也。"（《欧阳文忠公集》卷三四《赠太子太傅胡公墓志》）此时又有人建言。于是，英宗治平三年（一〇六六）十月六日，乃下诏曰："今后宜每三年一开科场，应天下所解进士、诸科，并以本处旧额四分〔解〕三分。"（《宋会要辑稿·选举》三之三八）

宋修《国史·选举志》称："自是恩典不增，而贡举〔期〕缓，士得休息，官以不烦矣。"（《长编》卷二〇八治平三年十月丁亥条注）而且，这也正合《周礼》"三年大比"

之制。因此，不但直到南宋灭亡，一直相沿未改，而且为元、明、清三代所沿袭，成为不易之制。清代虽在每三年一贡举之外，又开科场二十余次，但那些均是由于皇帝登极、大婚、万寿等各种原因而开设的恩科，并未改变三年一开科场之制。

其次，关于各级考试的时间。在唐代，各级考试尚未完全固定时间。其解试（包括国子监试、州府试等）一般在秋天举行，故又称"秋闱"，合格者于十月二十五日以前"随物入贡"京师，向礼部缴纳解状、家状；十一月一日于含元殿参加朝见；次年正月，参加礼部主持的省试。

宋代各级考试时间，逐渐形成定制。北宋时期的解试，一般是八月上旬锁院，中旬引试，九月终开院（即考试完毕）。并未作出统一规定。由于诸路州府解试引试日期不统一，这就使举人有可能一科之内赶赴两州以至数州取解。为了防止这一弊病，南宋时规定全国在同一日期举行解试。据《宋会要辑稿·选举》一六之九载："〔绍兴〕二十四年（一一五四）正月二十日，诏今后国子监、临安府、两浙转运司与诸路州军并转运司，依条并以八月五日锁院，十五日引试。"此后，遂成为定制。至于开院日期，按惯例应在引试后一个月之内。但因应试举人过多或解试考官不足，则可以稍展时日。

第四章　贡举考试方法

其省试锁院、引试、放榜的具体日期，北宋时尚未有统一规定。一般是正月上旬或中旬锁院，锁院后十日左右引试，二月底或三月初奏名放榜。到南宋孝宗朝，一般为正月九日锁院，十五日引试。淳熙十六年（一一八九）九月二十一日，何澹上言："窃惟国家三岁一举士，事体不轻。四方士子，冲冒严寒，引试之日，春令尚浅，间遇风雪，则笔砚冰冻，终日呵笔，书字不成，纵有长才，莫克展布，年高之人，至有不能终场者。今欲展半月，定以二月一日引试。"（《宋会要辑稿·选举》一之二〇）诏从其请，遂成为定制。据《宋会要辑稿》及《宋史全文》等史书记载，从光宗绍熙元年（一一九〇）至理宗景定三年（一二六二），前后二十五榜、七十五年间，均为二月一日引试；其锁院日期，若正月为小尽，则用二十四日，若正月为大尽，则用二十五日。此制大概一直沿用至南宋末年。

至于殿试日期，一般在三月。据统计，从太祖开宝六年（九七三）到孝宗淳熙十四年（一一八七），共举行了六十四次殿试，其中在三月举行者为五十四次，占84.4%，因种种原因未在三月举行者才十次，占15.6%。可以说，在两宋前十一朝近二百年间，殿试基本上都是在三月间举行的，光宗绍熙元年（一一九〇）至宁宗开禧元年（一二〇五），为了便于四川类省试举人赴临安参加殿试，乃延至四月；宁宗嘉定元年（一二〇八）之后，又延至五月。宋代殿试虽有一定月份，但其锁院、引试、唱名赐第，并不像解试、省试那样，有一定的日期。正如嘉定十五年（一二二二）九月十九日臣僚所言："国家重士，三岁大比，解试以八月，省试以二月，皆有一定不易之日。独是廷对、唱名，临期取旨，每举不同。"（《宋会要辑稿·选举》八之二七）

元、明、清的三级考试，则皆有一定日期。元代乡试以八月二十、二十三、二十六日分三场考试。会试以次年二月一日、三日、五日考试三场。殿试则为三月初七日。明代乡试以八月初九日试第一场，十二日试第二场，十五日试第三场。会试以次年二月初九日、十二日、十五日分三场引试。其殿试，太祖洪武十七年（一三八四）"科举成式"定为三月初一日；自宪宗成化八年（一四七二）起，改为三月十五日。清承元、明之制，乡试仍以八月二十、二十三、二十六日分三场考试。其会试日期，世祖顺治二年（一六四五）规定，以乡试次年的二月初九、十二、十五日分三场考试，三月十五日内放榜；乾隆十年（一七四五），因二月"天气尚未和暖"，以及"各省俱须覆试"，会试改为三月，仍以九日、十二日、十五日分三场考试；四月十五日内放榜，遂成为定制。殿试日期初亦承明制，于顺治二年（一六四五）规定三月十五日考试；乾隆十年（一七四五）改为四月二十一日殿试，五月十日唱名赐第；乾隆二十六年又改为四月二十一日殿试，二十五日唱名赐第，遂成为定制。

二、贡举考试地点

考试地点也经历了一个由不固定到固定的发展变化过程。首先，关于解试（乡试）。唐代解试于各州府及两京国子监举行，具体地点不详。北宋前期，诸州府解试也没有固定的场所，大多临时设考场于佛寺、学宫及官舍。如魏了翁《眉州创贡院记》云："国朝设科取士，损益隋唐之旧，凡二百有七十季矣，列郡校试，寓于浮屠之馆者十有七八。"（《鹤山大全集》卷四八）陈俊卿《兴化军贡院记》亦云：兴化军解试，"间三岁诏下，试于郡庠；已而褊隘，则移于部使者行部之舍；历数举，试员益众，则又移于南山之广化寺"（《弘治兴化府志》卷二七）。

大概在北宋中期之后，诸州开始陆续创建贡院。如福州贡院即建于哲宗元祐五年（一〇九〇）。《淳熙三山志》卷七《试院》载："自景祐建学，大比例为集试所。……元祐五年（一〇九〇），柯龙图述谋所以易之。会朝廷下学及孔子庙不

49

得试进士之制，五月，乃择州治之东南公廨及隙地……穹堂延庑，中辟旷除，后敞公堂，缭以重堂，以为考校之舍。"秦州贡院创建于绍圣四年（一〇九七）。徽宗政和二年（一一一二）十一月己巳，诏诸路州军各置贡院，各州府的贡院才普遍建立起来。但靖康罹难，宋室南迁，诸州贡院或毁于兵火，或年久倾圮，解试又复寓于佛舍、学宫。高宗绍兴末、孝宗乾道初，始陆续重修或扩建。此后，诸路州府大都建有贡院。

诸州贡院颇具规模，少则数十间，多则三五百间，甚至上千间。其形制，一般均分监试、考试、封弥、誊录、巡铺、监门等处所，颇为完备。如《景定建康志》卷首载有咸淳三年（一二六七）之《重建贡院之图》，建康府贡院朝南有大门、中门。大门内有封弥所、誊录所、监门处、交卷处；中门内有天井，对面为正厅，两侧有房舍数百间，以为举人解试之所；一般考场内备有桌凳，数间相连，与现代考场相类似。正厅后边为衡鉴堂，系评定试卷之所；衡鉴堂两侧为监试、主文、考试官及吏人之舍。另外有内外受事室、厨屋、钱米库、更衣室、榜屋等。各种设施，甚为齐全。

金代府试，世宗大定年间（一一六一—一一八九），词赋、经义进士及律科考试，分为大兴、大定府等六处；章宗

第四章　贡举考试方法

明昌初（一一九〇——一一九五），增为九处；承安四年（一一九九），又增太原府，共为十处。策论进士则分为上京、中京等七处。

元代乡试则于河南、陕西等十一行省所在地，河东、山东二宣慰司所在地及真定、东平等直隶省的四个路分，共分十七处考试。各省乡试场所亦为贡院、佛舍或学宫等。

明代乡试，北、南直隶州县分别试于顺天府（今北京）、应天府（今南京），其他府州县分别试于各省省城。两京府及各布政司衙门所在地设贡院，作为考试场所。其贡院之制略异于宋元而开清朝先河，有明远楼、号舍、至公堂等。

清承明制，直隶州县于顺天府（今北京），各省亦皆在省城举行。各省城一般在城内东南方建贡院，悬挂"贡院"墨字匾于大门正中，东西建"明经取士""为国求贤"两牌坊。大门内为龙门；龙门内为明远楼，楼两侧为号舍，系应举人答卷及住宿之所。明远楼居高临下，可以稽察举子及役人的行动。

一般贡院号舍有数千间至上万间，按《千字文》编列，惟"天""玄""帝""皇"等字不用。每号舍外墙高八尺，门墙高六尺，宽三尺，深四尺，甚为狭窄。号舍内砖墙东西两面，离地一尺多及二尺多处，各砌有砖托，以承木板。板

51

可抽动，白天以下板为凳，上板为桌答卷；夜间将上板安入下层，合而为床以卧。每号舍一人，坐卧、饮食、答卷均在其中。这是与宋代的贡院不相同的。

明远楼北为至公堂，为监临、外帘官办公场所。至公堂两侧为监临、提调、监试各堂，为外帘官的住所。另外还有受卷所、弥封所、誊录所、对读所等。至公堂北为内、外帘门，内帘门北为聚奎堂，为主考官及同考官评定试卷的场所。

其次，关于省试（会试）场所。唐代省试大多在首都长安（今西安）举行，只有武则天称帝前后、代宗永泰元年（七六五）至大历十年（七七五），曾同时在长安、洛阳两都举行，以及文宗大和二年（八二八）在东都洛阳举行。考场一般设于尚书都省的廊庑之下，举子席地而坐。

北宋省试，初同解试一样，亦无定所，或寓于寺院、廨舍、庙宇，或寓于太学。如英宗治平二年（一〇六五）省试，"以汴河上旧省为试院"（《默记》卷中）。神宗元丰八年（一〇八五）省试，"开宝寺为礼部贡院。二月十八日火，凡本部贡解与夫所考试卷，须臾灰烬，略无遗者。……诏以太学为贡院，再令引试"（《文昌杂录》卷六）。省试别头试则多在太常寺等官廨举行。至徽宗崇宁之后，省试始有定所。关于北宋贡院，《东京梦华录》卷二记载在朱雀门外，与开

第四章 贡举考试方法

封府贡院、什物库、车营务等相邻近，具体形制不详。对于南宋贡院，《梦粱录》卷十五则有较详细的记载："礼部贡院，在观桥西。……贡院置大、中门。大门里置弥封、誊录所及诸司官；中门内两廊各千余间廊屋，为士子试处。厅之两厢，列进士题名石刻，堂上列省试赐知贡举御札，及殿试赐详定官御札，并闻喜宴赐进士御诗石刻。别试院在大理寺之西，专以待贡士之避亲嫌者。"南宋时，四川类省试一般在成都举行，亦建有类省试贡院。

元代会试当在大都（今北京）的礼部贡院，其详情有待进一步考证。但据《元史·选举志》，其形制与宋代相类，而不同于明、清。

明代会试亦在首都礼部贡院。其形制与前述清代乡试贡院类似，因为乡试贡院依照礼部贡院，而清又承袭明制。张居正《京师重建贡院记》对礼部贡院记述甚详："其地……径广百六十丈，外为崇墉施棘。徼道前入，左右中各树坊，名左曰虞门，右曰周俊，中曰天下文明。坊内重门二，左右各有厅，以备讥察。次右曰龙门，逾龙门直甬道为明远楼，四隅各有楼相望，以为瞭望。东西号舍七十区，区七十间，易旧制板屋以瓦甓，可以避风雨，防火烛。北中为至公堂，堂七楹。其东为监试厅，又东为弥封、受卷、供给三所；其

53

西为对读、誊录二所,帘以外殖殖如也,翼翼如也。后为聚奎堂七楹,旁舍各三楹,主试之所居也。又后为燕喜堂三楹,东西室凡十六楹,诸胥吏工匠居之。其后为会经堂,堂东西经房相属,凡二十有三楹,同考者居之,帘以内渠渠耽耽如此。其他庖湢库舍,所在而有,明隩向背,咸中程度。"(《张太岳文集》卷九)

清代会试亦在礼部贡院。而礼部则以顺天府贡院为会试场所。其形制与明代礼部贡院略同。

再次,关于殿试地点。唐代贡举无殿试。宋太祖开宝六年(九七三)创立殿试制度,即以讲武殿为考场。此殿乃皇帝"阅事之所"。太宗太平兴国八年(九八三)四月,讲武殿改名为崇政殿,直至仁宗末年,并试于此,其考试官幕次则设景福殿两廊。自神宗熙宁三年(一〇七〇)起,殿试改于集英殿。此殿为每年春秋及诞圣节赐宴之所。至南宋末,一直在此殿考试礼部奏名进士。不过,南宋临安的集英殿与崇政殿实为一殿二名而已。

元代殿试地点在翰林国史院。

明代殿试考场在奉天殿或文华殿。

清代殿试场所,初在天安门外。顺治十五年(一六五八),改于太和殿前丹墀考试,如遇风雨,则移于太和殿的东西两庑。乾隆五十四年（一七八九），改为保和殿内，遂为定制。

第三节　报考手续

隋唐以来，贡举考试，均有相当完备的报考手续，以保证应举人的品行与艺业资格合乎有关规定。

唐代解试，乡贡进士、明经一般需于原籍的州县报考，即"怀牒自列于州县"。其"牒"的内容未见记载，大概应是姓名、乡贯、三代之类。经州府考试合格，始给予解状，举送尚书省。馆学的生徒，则由国子监进行考试，对合格者颁发解状，亦举送尚书省。

解试合格举人，须当年十月至京师，向礼部（初为户部）缴纳解状和家状，家状包括姓名、乡贯、三代名讳及本人体貌特征等。经审查合格，才准予参加省试；不合格（手续不完备或品行不端正），则驳放，取消省试资格。

另外，纳解状、家状后，还要各相保任，即"结款通保"。如文宗开成元年（八三六），准臣僚之请而规定："其衣冠则以亲姻故旧、久同游处者，其江湖之士则以封壤接近、素所谙知者为保。"每保五人。"如有缺孝弟之行，资朋党之势,迹由邪径,言涉多端者,并不在就试之限。如容情故,自相隐蔽,有人纠举,其同举人并三年不得赴举。"(《唐会要》卷七六《进士》)

宋承唐及五代之制,应举人参加解试、省试皆须投纳家状、保状及试纸(省试亦须解状)。家状内容包括应举人姓名、年龄、家庭成员状况、三代名讳、举业、举数及乡贯等。宋代结保,解试诸州每三人以上结为一保,国子监、开封府五人以上为一保。省试则每十人以上为一保。"内选曾得解人为保头。如无得解人,即将曾秋试终场人年齿稍高,才行为众所推之人听为保头。"(《宋会要辑稿·选举》五之八)保任内容主要是应举人须符合应举资格以及遵守考场规则等。如庆历四年(一〇四四)三月新定贡举条制云:"进士、诸科举人每三人为一保,所保之事有七:一、隐忧匿服;二、曾犯刑责;三、不孝不悌,迹状彰明;四、故犯宪条,两经赎罚或未经赎罚为害乡里;五、籍非本土,假户冒名;六、祖父曾犯十恶四等以上罪;七、身是工商杂类及曾为僧道者,并不得取应。违者,本人依条行遣,同保人殿两举。"(《宋会要辑稿·选举》三之二五)对于国子监无户籍者及免解举人等,除互相结保外,还须有官人结罪委保。

第四章　贡举考试方法

宋代举人除投纳文状外，还要投纳试卷用纸，加盖印信后交还应举人，以备考试时使用。

元代亦有投纳家状、保状及试纸之制，与宋略同。如《事林广记》辛集卷十载有《儒人赴试结保新式》，可见当时"保状"之一斑：

乡贡进士姓名等

右某等五人今为一保，各无丧服禫制未终，并不是倡优之家及放浪之人并父祖曾犯十恶死罪经断之家，及不是患废疾并犯十恶、奸盗经配、窃盗刺字，亦不是曾充吏人、犯赃至徒之人。委是依得贡举条理，并无诸般违碍诈冒。若有违犯，甘罪无词。谨状。

年　月　日某处乡贡进士某人　状

又如皇庆二年（一三一三）对应举纳卷也作了详细规定："举人试卷，各人自备。叁场文卷并草卷，各人壹拾贰幅，于卷首书叁代、籍贯、年甲，前期半月于印卷所投纳，置簿收附，用印钤缝讫，各还举人。"（《通制条格》卷五《科举》）

明、清略同宋、元之制，而更加详密。只是仅童试时结

57

保，乡试时不再结保缴纳保状。如明洪武十七年（一三八四）所定"科举成式"规定："举人试卷及笔墨砚自备。每场草卷、正卷各纸十二幅，首书姓名、年甲、籍贯、三代、本经。会试、殿试同。前期在内赴应天府，在外赴布政司印卷，置簿附写，于缝上用印钤记；仍将印卷官姓名置长条印记，用于卷尾，各还举人。""凡乡试中式举人，出给公据，官为应付廪给脚力，赴礼部印卷会试，就将乡试文字咨缴本部明验。"（王圻《续文献通考》卷四五）清代乡试试卷，在京由顺天府、各省由布政司预备，卷面由应举人填写姓名、籍贯、本经、三代仕宦存殁等履历（出继者兼填本生三代）。卷末盖用印卷官治中衔名（各省为布政司经历或理问衔名），卷面及接缝处钤用顺天府印（各省用布政司印），送入场内正卷再加盖监临官关防，以示慎重及防盗换试卷。会试略同，唯需多缴纳顺天府尹或各省长官咨部文书（类似解状）。目的也在于确认应举人的资格。

第四节　考场规则

为了防止徇私作弊，以便应举人公平竞争，历代都规定了各种考场规则，归纳起来，大致有以下几种。

第四章　贡举考试方法

第一，锁院以防请托

唐代后期，请托之风盛行，弊端百出。北宋初年，为了杜绝请托之弊，乃创立了锁院制度。太宗淳化三年（九九二）"正月六日，以翰林学士承旨苏易简等权知贡举。易简等以贡举重柄，义在无私，受诏之日，五人便赴尚书省锁宿，更不归私第，以杜绝请托。物论嘉之"（《宋会要辑稿·选举》一九之二）。"后遂为常例"（《长编》卷三三）。锁院之制不仅实行于省试，也推广于解试与殿试。如真宗大中祥符四年（一〇一一）"十一月十二日，诏自今知贡举及发解官并令门辞，遣官伴送入院锁宿，不得更求上殿及进呈题目"（《宋会要辑稿·选举》一九之五）。考试官从受命之日起，到放榜之日止，一直锁宿于试院。这样，就隔断了考试官与其他臣僚的联系，使权臣近侍等人的请托难以得逞。

正因为如此，锁院制度为元、明、清所沿用。如明代会试，二月初九日引试第一场，初六日任命考试官，初七日考试陛辞，宴于礼部，然后入贡院锁宿。又如清代会试，考试官也于会试前三天即三月初六日任命锁宿。是日早晨，乾清门侍卫领旨至午门交大学士拆封，同稽察御史宣旨唱名。凡开列有名的内、外帘官，各备朝服行李皆前往听宣，被任命

59

者不得逗留，不得回私宅，即日入闱。

第二，别试以避亲嫌

从唐代开始，即创立了对考试官亲戚另选官别试的制度。《新唐书·选举志》云："开元二十四年，礼部侍郎亲故移试考功，谓之别头。"即对省试知贡举官礼部侍郎的亲戚故旧另设考场，由考功员外郎进行考试，叫做别头试。但时行时废，尚未形成定制。

到宋代，别头试则普遍实行于解试、省试，专门派遣考试官，单独设立专场，另外规定录取人数，成为一种回避亲嫌的考试制度。其省试别头试始于太宗雍熙二年（九八五）；国子监、开封府解试别头试始于真宗咸平元年（九九八）；诸州解试的别头试则始于仁宗景祐四年（一〇三七）。自缌麻以上亲属，及大功以上婚姻之家，皆牒送别头试。唯独殿试无别头试。这是因为殿试系由皇帝亲自主持，皇帝即是主考官，无须避亲。但到宁宗开禧二年（一二〇六），亦因议者有请，"诏自今在朝官有亲属赴廷对者，免差考校"（《文献通考》卷三二）。其用意亦在于避亲。

显然，别头试对于防止考试官作弊是有一定作用的。这种避亲制度也为后代所沿用。如元代规定："举人与考试官有五服内亲者，自须回避。仍令同试官考卷。若应避而不自陈者，殿壹举。"（《通制条格》卷五《科举》）明洪武十七年（一三八四）"科举成式"规定："凡试官，不得将弟男子侄亲属入试，徇私取中。违者，许指实陈告。"（《明会典》卷七七《科举通例》）清初乡、会试，内、外帘官的子弟、宗亲应回避者，于贡院中另编坐号，别请命题，专门派官考试，按一定名额录取。乾隆九年（一七四四）干脆命乡、会试的考试官、同考官、知贡举、监临、监试、提调官的子孙及宗族照例回避，不许应试。二十一年，又命受卷、弥封、誊录、对读、收掌等官子弟近戚也一起回避。回避的范围包括：（1）本族五服之内者，以及虽出五服但仍同居一地者；（2）外姻中母亲、妻子的父亲、亲兄弟及儿子，母亲、妻子亲姊妹的丈夫及儿子；（3）本身亲姑、亲姊妹的丈夫及儿子，女儿的丈夫及儿子，孙女的丈夫，以及儿女亲家。另外，清代亦同宋制，大臣有子弟为新贡士，殿试亦加以回避，不担任读卷官。

第三，按榜就坐，不得移易

唐代省试，应举人分甲引试，坐于尚书都省廊庑之下。宋代省试，则在考试前一天排定坐次，张榜公布；引试时，由监门按姓名引入，依榜就坐，不得移易。此制始于真宗景德二年（一〇〇五），最早可追溯到太宗雍熙二年（九八五）。此后殿试、解试也实行按牓就坐制。如真宗大中祥符元年（一〇〇八）殿试，即于崇政殿廊设幔，列坐席，标明举人姓名。又揭榜公布所列次序，令举人看榜之后，依次就坐。另外，南宋刘一止有更为详细的记载："廷试之日，士人由和宁门入，徐行……至集英殿门外，……殿外挂混图于露天，甚高。良久，天大明了然，分明知座次。……天子临轩，天颜可瞻。起居赞曰：'省元某人以下躬拜、再拜。'又躬身而退，各依坐图行列而坐。每位有牌一枚，长三尺，幂以白纸，已书某人、某乡贯，或东西廊第几人，不得移动及污损。坐定，中官行散御题。"（《钱塘遗事》卷十《丹墀对策》）所谓"混图""坐图"，即座位榜。

引试前排定座次，张贴座位榜，应举人依榜就坐，不得移易，这样一方面可以防止应举人私相传授作弊，另一方面也便于维持考场秩序。因此，此制也为后世所沿用。

明代乡、会试的座位榜称"号图"，由监试同提调官亲自编排。引试前两天，在号舍内贴应举人姓名，并张榜公布东西行号舍间数，标明某行某间系某处举人某人坐。引试日，按号就坐，由号军验证。如未按号就坐，即马上逐出考场，取消考试资格。

清代乡试,每场于考试前两天,由受卷、弥封、誊录、对读官齐集贡院的至公堂戳印坐号。排号前先将号戳弄乱,由书吏随手检印,于试卷及号簿同时用印,分号舍编排坐号。每排号舍按《千字文》编号,如"地一号"即"地"字排的第一间号舍。考试前一天点名,按号进入每间号舍,准备第二天清早散题考试。清初殿试,在保和殿内安排试桌,在试桌上粘贴各贡士名签,按签入坐。此制后废,改为入殿随意就坐。因殿深阴暗,故先入者多据前排,后至者多移至殿前廊下。大概因为当时参加殿试的人数较少,可以比较随便吧。

第四,继烛之禁

所谓"继烛",是指贡举考试时,举人白天答卷未完,夜晚点燃蜡烛,继续考试。唐朝省试,卯时(晨五时至七时)开考,酉时(晚五时至七时)结束。如果答卷未完,一般可以给蜡烛三条,挑灯夜试,烛尽交卷。懿宗咸通八年(八六七)进士及第的韦承贻有诗云:

褒衣博带满尘埃,独上都堂纳试回。
蓬巷几时闻吉语,棘篱何日免重来?

> 三条烛尽钟初动,九转丸成鼎未开。
> 残月渐低人扰扰,不知谁是谪仙才。

"三条烛尽""残月渐低",描写的就是礼部夜试进士的情景。唐贡举考试有时还可以"兼得通宵"。

五代夜试以给烛二条为限。后唐明宗长兴二年(九三一)改令昼试,旋复旧。后周太祖广顺年间(九五一—九五三),复用昼试。

宋承周制,贡举考试不许继烛。但是,北宋初年并未严格执行。真宗景德二年(一〇〇五)秋七月丙子,戚纶等上言:"咸平三年(一〇〇〇)诏旨,进士就试,不许继烛。每岁贡院虽预榜示,然有达曙未出者。今请除书案外,不将茶厨、蜡烛等入,如酉后未就者,驳放之。"(《长编》卷六十)这一建议得到真宗批准,并列入了贡举条制。此后不但实行于省试,而且普遍实行于解试和殿试。殿试早晨入试,午后纳卷而出。南宋时,偶尔也有出于特恩例外赐烛者,然而唱名时须降甲、降等。按照惯例,殿试赐烛者,"正奏名降一甲,如在五甲,降本甲末;特奏名降一等,如在第五等,与摄助教"(《建炎以来朝野杂记》甲集卷一三《廷试赐烛》)。另外,南宋后期诸州解试继烛之禁较为松弛,因而屡有严禁继烛之诏。禁止继烛,尽用昼试,这样,在光天化日之下,举人作弊就比较困难了。

继烛之禁,在后代也时有实行。元代贡举,"就试之日,日未出入场,黄昏纳卷"(《通制条格》卷五《科举》)。明代则基本参用唐宋之制。太祖洪武十七年(一三八四)所颁"科举成式"规定:乡、会试,"试之日,黎明举人入场……黄昏纳卷。未毕者,给烛三枝。烛尽文不成者,扶出"(《明会典》卷七七《科举通例》)。宪宗成化十年(一四七四)又规定:"至黄昏,全场誊正未毕者给烛,稿不完者扶出。"(同上)殿试则完全禁止继烛,限日落前交卷。

清代乡、会试则无继烛之禁。应举人在引试前一天寅时(晨三至五时)点名依号进入号舍,锁宿。引试当天子时(夜十一至一时)发放试题。引试后一日纳卷,分午前、午后、傍晚三次开门放牌,戌时(晚七至九时)清场。应举人要在号舍内住两夜,引试当天夜里,可以睡觉,也可以通宵挑灯答卷。这就为挟书、传义、代笔增加了机会。如有的士人将五经四书写在内衣上,因为夜里可以脱衣检阅。对于这一点,宋人已经说得十分明白。如宁宗开禧三年(一二〇七),礼部、国子监言:"彼真才实学,穷日之力,已为有余。既继以烛,难免代笔,况尽一昼夜继以次日乎?于是人率备三五卷，或父代其子，兄挟其弟，而太半以货取。故有名预能书而口尚乳臭，行偕计吏而习则市鄽。"（《宋会要辑稿·选举》五之三三）清人乡、会试"尽一昼夜继以次日"，不能不说是一种倒退。而清代的殿试，则一般以日入为度，不许继烛。若不能完卷者，附三甲末。

第五，挟书、传义、代笔之禁

挟书之禁始于唐。《通典》卷十五《选举》三载："礼部阅试之日，皆严设兵卫，荐棘围之，搜索衣服，讥呵出入，以防假滥焉。"《旧唐书》卷一二六《李揆传》云："揆尝以主司取士多不考实，徒峻其提防，索其书策，殊未知艺不至者，居文史之囿，亦不能摛其词藻，深昧求贤之意也。及其试进士文章日，于庭中设五经、诸史及《切韵》本于床，而引贡士谓之曰：'大国选士，但务得才，经籍在此，请恣寻检。'由是数日之间美声上闻。"《通典》所载乃唐代前期之事；李揆知贡举则在肃宗乾元二年（七五九）；穆宗长庆元年（八二一），白居易在《论重考进士事宜状》中也说："准礼部试进士例，许用书策，兼得通宵。"可见，唐代虽曾为挟书之禁，但并未成为定制。五代后唐时虽曾将禁止挟书载入贡举条制，但也未认真实行。

第四章　贡举考试方法

北宋时期始严挟书之禁，成为一种制度。如专门设监门、巡铺等官吏，进行搜索、巡查；一旦查获，即严加处罚。如真宗景德二年（一〇〇五）二月二十三日，礼部贡院言："昨考试诸科举人，就座搜获怀挟书册节义者十七人。准例扶出，准条殿两举。"（《宋会要辑稿·选举》三之七）同年七月丙子，戚纶与礼部贡院也上言："近年进士多务浇浮，不敦实学，惟钞略古今文赋，怀挟入试。昨者廷试，以正经命题，多懵所出。旧敕止许以篇韵入试，今请除官《韵略》外，不得怀挟书策，令监门、巡铺官潜加觉察，犯者即时扶出，仍殿一举。"（《长编》卷六十）戚纶这一建议得到批准，并写入了贡举条制。后来，又加重了处罚，真宗大中祥符五年（一〇一二）改为："进士殿二举，诸科殿五举。"（同上书三之一一）南宋时则加重为："怀挟殿五举，不以赦原。"（同上书六之五〇）殿一举就是取消一次参加科举考试的资格。英宗治平三年（一〇六六）之后，每三年一开科场，殿五举就等于十五年内不准应举。

挟书之禁不仅实行于省试，而且普遍实行于解试、殿试。如南宋时殿试仍予搜身："其士人止许带文房及卷子，余皆不许挟带文集。士人入东华门，各行搜检身内有无绣体私文，方许放入。"（《梦粱录》卷三）

此制亦为金所仿效，为元、明、清所继承。金初以军士搜检应举人，"至于解发袒衣，索及耳鼻"。世宗大定二十九年（一一八九），改为"使就沐浴，官置衣而为之更之，既可防滥，且不亏礼"（《金史》卷五一《选举志》）。遂为定制。元代规定："乡、会试许将《礼部韵略》外，余并不许怀挟文字。差搜检怀挟官一员，每举子壹名差军壹名看守。""乡试、会试若有怀挟及令人代作者……殿二举。"（《通制条格》卷五《科举》）

明、清也一再申严挟书之禁，并进一步加重了处罚。明太祖洪武七年（一三七四）奏准："生儒点名进场时，严行搜检；入舍后，详加伺察。如有犯者，照例于举场前枷号一月，满日问罪革为民。"（《明会典》卷七七《科举通例》）洪武十七年（一三八四）又规定："一、搜检怀挟官。凡遇每场举人入院，一一搜检，除印过试卷及笔墨砚外，不得将片纸只字。搜检得出，即记姓名扶出，仍行本贯，不许再试。"（同上书《乡试》）发现挟书即永远取消科举考试资格，其惩罚比宋、元时的"殿二举""殿五举"要严厉得多。

清代前期，此禁亦甚严。顺治二年（一六四五），即明确规定："生儒入场，细加搜检。如有怀挟片纸只字者，先于场前枷号一个月，问罪发落。……搜检官役知情容隐者同罪。"(《清朝文献通考》卷四七)。康熙五十三年(一七一四)又规定:"凡考试,举人入闱,皆穿拆缝衣服,单层鞋袜。止带篮筐、小凳、食物、笔砚等项,其余别物,皆截留在外。如违治罪。"(《钦定大清会典事例》卷三四一)。乾隆九年(一七四四),又进一步详细规定:"士子服式,帽用单层毡;大小衫袍褂,俱用单层,皮衣去面,毡衣去里,裤裤绅布皮毡听用,止许单层;袜用单毡,鞋用薄底,坐具用毡片。……至于士子考具:卷袋不许装里,砚台不许过厚,笔管镂空,水注用瓷;木炭止许长二寸;蜡台用锡,止许单盘,柱必空心通底;糕饼饽饽,各要切开。……至考篮一项,……应照南式考篮,编成玲珑格眼,底面如一,以便搜检。""士子点名时,头、二门内,令搜役两行排立,士子从中鱼贯而入。以两人搜检一人,细查各士子衣服、器具、食物,以杜怀挟之弊。若二门搜出怀挟,即将头门不能搜出之官役,照例处治。"(同上)清代后期,此禁稍为松弛。

以上措施虽然难以杜绝怀挟之弊,但对于防弊显然有重要作用。如乾隆九年(一七四四)顺天府乡试,查出挟书者四十余人,而闻风散去者达两千人之多。

传义指遥口相传或传递文字。传义之禁始见于宋初。宋太祖乾德二年(九六四),即规定:"如有遥口相授传与人者，即时遣出，不在试限。"（《宋会要辑稿·选举》一四之一三）神宗元丰元年（一〇七八），又重新删定了"进士传义之法"（同上书三之四六）。元、明、清亦有传义之禁。宋代的巡铺官、明清的巡绰官，即主要是为防止传义而设的。

科场纪律中还有一项重要规定，即禁止代笔。代笔之禁始见于五代后周世宗显德二年（九五五），宋代屡申严之。如宋太宗雍熙二年（九八五）十二月三十日，诏曰："今后如有请人撰述文字应举者，许人告言，送本处色役，永不得仕进。同保人知者殿四举，不知者殿两举。受请者，在官停任，选人殿三〔选〕，举（保）人殿五举，诸色人量事科罪。"（《宋会要辑稿·选举》三之五）同挟书、传义一样，代笔之禁也普遍施行于解、省、殿试。

宋代之后，历代一直把禁止代笔作为科场的一项重要规则。元代规定："乡试、会试若有怀挟及令人代作者，……殿二举。"（《通制条格》卷五《科举》）明、清亦有类似规定。虽然有此严禁，但代笔之事时有发生。为此，历代都采取了许多措施。一是许人告发，告获者给以奖赏。如宋孝宗乾道元年（一一六五）曾规定："如士人告获，与免一次文解；诸色人赏钱三百千。"（《宋会要辑稿·选举》四之三八）二是对比字画。让应举人亲自书写卷首家状，解、省试合格之后，对照家状与试卷的笔迹，以防假冒。三是行覆试之法。南宋名臣周必大在《论科举代笔》中说："臣闻科举之害，莫切于代笔。……前后条令虽曰详备，然棘闱既辟，旅进动以千计，为巡铺者纵欲禁，势不能也。臣愿诏诸州就鹿鸣宴之前，委教官或有出身官二员，集得解举人，就州县试论一首，如太学兼行南省覆试之法，知、通躬亲监试，严为防闲。须文理不至纰缪，用字不至颠错，方给解牒，令赴省试。或有不能动笔，及大段错谬者，即行驳放，仍推究代笔人，依条施行。……此法既立，代笔之风不禁而自熄矣。"（《周益国文忠公集》卷一三六）《宋史·选举志》载："宝祐二年（一二五四），……乡贡、监补、省试皆有覆试。"可见，周必大的建议终被采纳实行。这对防止代笔确有一定的作用。清代乡试、会试放榜后，在参加会试、殿试之前，均进行覆试，其目的之一也在于防止代笔之弊。总之，以上种种措施，都是为了保证科举考试公正无私、有条不紊地顺利进行。

第五节　试卷评定

在贡举考试方法上，试卷评定是十分重要的一环。历代为了择优录取及示人至公，也采取了一系列措施，使评卷制度更加趋于严密，趋于合理。

一、废"公荐"，罢"公卷"，"一切以程文为去留"

在唐代，"每岁知举官将赴贡院，台阁近臣得保荐抱文艺者，号曰'公荐'，然去取不能无所私"（《长编》卷四乾德元年九月丙子）。例如，唐文宗大和二年（八二八），礼部侍郎崔郾受命于东都洛阳试举人，三署公卿冠盖相属，竞相荐士。太学博士吴武陵以《阿房宫赋》推荐杜牧，被预定为第五名。有人说杜牧"不拘细行"。崔郾说："已许吴君矣。牧虽屠沽，不能易也。"（《唐摭言》卷六《公荐》）又如，文宗开成三年（八三八），礼部侍郎高锴知贡举，大宦官仇士良推荐裴思谦，非常蛮横地要求："裴秀才非状元，请侍郎不放。"当时状元已许别人，但迫于仇士良的权势，不得已而从之。（同上书《恶德及第》）因而唐人王泠然说："今之得举者，不以亲，则以势；不以贿，则以交，未必能鸣鼓四科，而裹粮三道。其不得举者，无媒无党，有行有才，处卑位之间，仄陋之下，吞声饮气，何足算哉！"（同上书卷六《公荐》）可见，所谓"公荐"，虽然也有某些真才实学之士通过举荐而科举及第，但更为势家子弟垄断科举大开方便之门，大多数一般地主子弟无由交结权贵，无人推荐，则只能望榜

第四章　贡举考试方法

兴叹！这显然是荐举制的残余，其弊不言自明。

北宋建立不久，就多次下诏废除"公荐"。如太祖乾德元年（九六三）九月丙子，"诏礼部贡举人，自今朝臣不得更发公荐，违者重置其罪"（《长编》卷四）。开宝六年（九七三）四月，太祖又颁布了详细的处罚条例："诏今后凡中外文武官僚荐嘱举人，便即主司密具闻奏。其被荐举人勒还本贯重役，永不得入科场；其发荐之人必行勘断。犯者许逐处官吏及诸色人陈告，如得实，应幕职及令录当与升朝官，判司簿尉即与本处令录；其诸色人赏绢五百匹，以犯事人家财充，不足，以系省绢添支。"（《宋会要辑稿·选举》三之三）

另外，在唐及五代，应举人除向达官贵人投献诗赋论等作品，即行卷以求公荐之外，还要向知贡举官投纳省卷，亦称公卷，以供观其素业。唐代后期，知贡举官主要根据公荐、公卷决定弃取高下，而举人的程文即试卷所起的作用反而甚小。

宋初，踵唐及五代之制，解、省试犹用公卷。"公卷一副，古律诗、赋、文、论共五卷。"（《苏魏公文集》卷一五《议贡举法》）。用公卷，必然弊端丛生。如进士所纳公卷，多假借他人文字，或用旧卷装饰重行书写，或被佣人易换文

73

本,致使到省无凭考校。于是,宋真宗景德二年(一〇〇五)十二月五日,礼部贡院上言:"请自今并令亲自投纳,仍于试卷上亲书家状。如将来程试与公卷全异,及所试文字与家状书体不同,并驳放之。或多假借他人文字,辨认彰露,即依例扶出,永不得赴举。其知举官亦望先一月差入贡院,考校公卷,分为等第,如事业殊异者,至日更精加试验。所冀抱艺者不失搜罗,躁进者难施伪滥。"(《宋会要辑稿·选举》三之七)诏从其请,遂成为定制。

此制虽较前颇有改进,但仍难防假借他人文字之弊;而且数千上万人齐赴解、省试,按公卷一副共五卷计算,省试则有三、四万卷,即使知举官先一月差入贡院,又如何能详考等第?公卷既无凭考校,又无暇考校,行之何用?除了为势家子弟大开方便之门以外,只能是一种累赘。于是,庆历元年(一〇四一)八月十一日,权知开封府贾昌朝上言:"故事,举人秋赋纳公卷。今既糊名、誊录,则公卷但录题目,以防重复,不复观其素业,请罢去。"(《宋会要辑稿·选举》一五之一一)诏从之,自是不再纳公卷。

庆历元年之后,既废公荐,又罢公卷,因而程文遂成为评定艺业、决定去取的唯一根据。即陆游所说的"一切以程文为去留"(《老学庵笔记》卷五)。这样以一纸试卷定命运,难免有相当大的偶然性。但它避免了实行公荐、公卷所必然带来的弊病，对于公平竞争、择优录取是有一定积极作用的。因而，也就成为元、明、清各代的不易之制。

二、封弥、誊录制度

封弥，又作弥封，亦称糊名，是将试卷上的举人姓名、年甲、三代、乡贯等密封或去掉，代之以字号，以防考试官在评定试卷时徇私作弊的一种制度。糊名之制最早实行于唐代选人的铨试和制举考试，但只是在武则天及唐玄宗时一度施行。五代后周广顺初年，亦曾在贡举中实行糊名考校，但旋即废罢。到了北宋，封弥才成为贡举考试中的一项重要制度。

宋代的封弥考校，始于太宗淳化三年（九九二）的殿试。此后不久，又推广到省试和解试，并对殿试封弥考校作了具体规定。如真宗大中祥符四年（一〇一一）新定《亲试进士条制》云："举人纳试卷，内臣收之，先付编排官去其卷首乡贯状，以字号第之"，待考定等第后，"始取乡贯状字号合之，乃第其姓名、差次并试卷以闻，遂临轩唱第"（《长编》卷七六）。关于所撰之"字号"，北宋时系于《玉篇》中取字为号，如大中祥符二年（一〇〇九）殿试，以"珥"字号卷为第一，此即状元梁固试卷。南宋初，则改为于《千字文》中取字，以三字凑成一号。如绍兴二十七年（一一五七）三月，宋高宗以"任贤辉"字号卷为第一。此即王十朋殿试文卷。后来，为防漏泄，曾改为以三不成字凑成一号，宁宗庆元五年（一一九九）之后，又大都改为以三全字凑成一号。这样，考试官在评定试卷时，看不到举人的姓名、乡贯等，也就很难作弊了。

但是，封弥之后，尚未能完全杜绝试卷考校中的作弊。因为，考试官还可以通过辨认笔迹得知试卷出自何人之手。为了堵塞这一漏洞，于是又创立了誊录制度。据现有史料，殿试誊录始见于真宗景德二年（一○○五），此后，也很快推行于省试及解试。《梦粱录》卷二记南宋省试情景云："所纳卷子，径发下弥封所封卷头，不要试官知士人姓名，恐其私取故也。却于每卷上打号头，三场共一号，方发往誊录所誊录卷子。依字号书写，对读无差，方纳入考试官各房考校。如卷子考中，发过别房覆考。如称众意，方呈主文，却于誊录所吊取真卷，点对批取，定夺魁选，伺候申省奏号揭榜取旨，差官下院拆号放榜。"其制度相当严密。

封弥、誊录制度在防止考校作弊中起了关键作用。欧阳修曾在《论逐路取人札子》中写道："窃以国家取士之制，

第四章 贡举考试方法

比于前世，最号至公。……糊名、誊录而考之，使主司莫知为何方之人，谁人之子，不得有所爱憎薄厚于其间。故议者谓国家科场之制，虽未复古法而便于今世。其无情如造化，至公如权衡，祖宗以来不可易之制也。"这一评价虽然未免有点太绝对了些，但不能不说是很有道理的。

正因为如此，封弥、誊录也成为元、明、清三代的不可易之制。元代规定："省试之后，其受卷官具受到试卷，逐旋关发弥封官，将家状草卷腰封用印，蒙古人、色目人、汉人、南人分卷，以三不成字撰号，每名累场同用一号，于卷上亲书，及于历内标附讫，牒送誊录官置历，分给吏人，并用朱书誊录正文，仍具元卷涂注乙及誊录涂注乙字数，卷末书誊录人姓名，誊录官具衔书押，用印钤缝，牒送对读所。翰林掾史具誊录讫试卷总数，呈报监察御史。对读官以元卷与朱卷躬亲对读无差，具衔书押，呈解贡院，元卷发还弥封所。各所行移，并用朱书，试卷照依元号附簿。试官考卷，知贡举居中，试官相对向坐，公同考校，分作三等，逐等又分上中下，用墨笔批点。考校既定，以掌试卷官于号簿内标写分数，知贡举官、同试官、监察御史、弥封官，公同取上元卷对号开拆，知贡举于试卷家状上亲书省试第几名。拆卷既毕，应有试卷并付礼部架阁，贡举诸官出院。"(《元史》卷八一

《选举志》一）这里所说的是省试评定试卷的情况,乡试、殿中略同。

明代乡试规定:受卷所置立文簿,凡遇举人投卷,登记之后交弥封所。弥封官则将试卷密封举人姓名,用印关防,并置簿编次三合成字号,写于试卷之上,交誊录所。誊录官吏依举人原卷字数语句用红笔誊录,并附书某人誊录无差。每场誊录红卷,送入贡院内帘评定。候三场评定完毕,方许调取墨卷于公堂比对字号,将合格者贡于礼部。会试、殿试略同,惟殿试不再誊录,弥封后即交读卷官评阅。

清代封弥、誊录之制更加严密与完备。如乡试,受卷官每场收卷完毕,即在卷面上加盖自己衔名的印记,每十卷为一封,汇送弥封所。弥封官将试卷卷面折叠,弥封糊名,将所备誊录的卷子连同举子试卷,用《千字文》编排红号,每一百卷编一字号,二、三场与头场同用一号。如"秋四十一号",即"秋"字第四十一号。弥封官亲自钤印,送誊录所。誊录所有从各府、州、县书吏中挑选的誊录书手数百至上千名,将举子试卷用砵笔照誊一遍,只不誊写添注涂改。举子的原卷系用墨笔书写,故称堪卷;誊录的卷子系用砵原笔书写,故称砵卷。誊录官在砵卷面戳印官衔,誊录书手则在墨卷末尾附写姓名、籍贯。誊录完毕,即将砵、墨卷套送外收掌所，核对硃、墨卷红号无误，再将硃、墨卷分开。硃卷分批送提调堂，由监临挨包盖印、陆续装箱送内帘，交内收掌所分送考官评阅；墨卷仍留存于外收掌所，候放榜之日，按录取的硃卷红号调取墨卷，拆封填榜。会试、殿试略同。与明代一样，清代殿试也不再誊录，弥封后由收掌官装箱送读卷官评阅。

三、分等考第，多级评定

考试官对举人的试卷，一般定为数等，并经多级评阅，最后决定去取高下。唐代贡举由知贡举评定试卷，进士科帖经、时务策全通为甲，策通四、帖通六以上为乙，以下为不第。但其具体情况，现存史料未见明确记载。

宋代解试，则先由点检试卷官考定等第，再由考试官覆审确定。省试则"士人卷子先经点检官（点检试卷官）批定分数，然后参详官审订其当否，而上之知举（知贡举、同知贡举），从而决其去取高下"（王圻《续文献通考》卷四三）。所考等第虽不甚详，但点检试卷、参详、知贡举三级评定制度是很清楚的。殿试则实行初考、覆考、详定三级评定制度。试卷封弥、誊录之后，先送初考官评定等第；然后将初考官所定等第封弥之，再送覆考官重定等第；最后送详定官，或从初考，或从覆考，如初、覆皆未当，具上奏别立等第。其目的在于"参用众见，以求实才"（《宋会要辑稿·选举》八之三三）。关于殿试试卷的等第，北宋前期一般分为五等："第一谓学识优长，辞理精纯，出众特异，无以比伦；第二谓才学皆通，文理周密，于群萃中堪为高等；第三谓艺业可采，文理俱通（原注：须合得及第者）；第四等谓艺业稍次，文理粗通，于此等中仍分优劣，优即为第四等上；第五等（原注：须必然合落者）谓文理疏浅，退落无疑。不考，谓犯不考式。纰缪，谓所试文字并皆荒恶。"（《芦浦笔记》卷五《赵清献公充御试官日记》）由此可知，试卷考第在第一至第四等者为合格，第五等及"不考""纰缪"者则黜落。而仁宗嘉祐二年（一〇五七）之后，殿试非杂犯不复黜落。神宗元丰之后，杂犯亦不黜落，而别作一项闻奏，或特恩与同学究出身，或与下州文学。

元代会试，"试官考卷，知贡举居中，试官相对向坐，公同考校，分作三等，逐等又分上、中、下"（《元史》卷八一《选举志》一）。乡试、殿试略同。其方法较宋代简单许多。

明代亦是分等多级评定。乡试、会试试卷均是在封弥、誊录之后，先由同考官分房评定等第，然后将其中成绩优秀的卷子汇集起来，呈交主考官覆阅，决定去取高下。但因试卷太多，阅卷人太少，阅卷期太短（大约十天），时间仓促，考试官又不太负责，三场试卷"不能遍阅，其积弊而至于止阅前场，又止阅书义"（《甲申臆议》）。殿试名义上由皇帝亲策，实际上一般过问一下前三名，其高下主要由读卷官决定。因为殿试概不黜落，因而其评定试卷主要是选出一甲的三份卷子，其余名次，除二、三甲第一名外，排列顺序关系不大。曾任殿试官的叶盛在《水东日记》卷二中写道："景泰二年（一四五一），予为殿试弥封官，知读卷事。第一甲，盖阁老预属意于受卷官，已得之，余皆分送读卷诸大臣，且曰：'率以三分，上一等，次二等，各置一所。'少顷，阁老收上一等，则判二甲，次二等则判三甲也。第一甲三卷，阁老圈点毕将午，三人者持诣文华殿进读，午后填黄榜，明早榜出矣。盖辰、巳二时，榜中人次第已判定，若曰须一一品量高下次第，固有所不能也。"可见，评定殿试试卷只有半天时间，难怪有人批评说"时日迫促，阅卷未精"。弘治三年（一四九〇）后，延长一日，但阅卷也难以精当（《典故纪闻》卷一六）。

清代评定试卷制度较为完备。清代末科探花商衍鎏在《清代科举考试述录》第二章中详细记述乡试评定试卷的情况："头场考毕，其试卷由外帘封送内帘后，十二日，内监试请主考升堂分卷。……正主考掣房签，副主考掣第几束卷签，分送各房官（按即同考官）案前。照例主考、同考官校阅试卷，均在聚奎堂，堂上阅卷拘束，后多循例在堂阅荐一二卷，即各退归私室校阅。房官取其当意者加批评定，并可加圈。头场试卷由十二日起阅荐于主考，四荐卷。第一场已荐，二、三场试卷加批续荐；倘二、三场卷佳，而第一场未荐者，可一并加批，连同补荐。……正、副主考就各房荐卷批阅，头场阅毕，再合观二、三场卷，细心评校，互阅商酌，取定中额。取定后，核对硃卷二、三场之默写前场小讲等，是否相符，如有疑时，可请监试从外帘调取墨卷核之。定制虑有屈才，主考应搜阅各房未荐之落卷。"会试略同，而殿试稍异。殿试第二天，读卷官及监试等人齐集于文华殿，收掌官从箱中取出试卷，摊置案上，先取一束，按官阶高低依次分放在读卷官面前，分完一束再取第二束，直到最后分完为止。试卷末尾背面列八位读卷官的姓氏，阅卷后，各在其姓下加标志，或记其瑕疵数字。其标志有"〇""△""、""｜""×"（即圈、尖、点、直、叉）五种，代表五个不同的等级。八位读卷官都阅完之后，再最后总核，多推首席担任，其他人随同参加意见。大抵前列者，必定八人皆圈。试卷中若有语言不妥，字体讹误，即在旁边粘贴黄签，以示等候皇帝亲阅。读卷官总核之后,将前十名卷子进呈皇帝,由皇帝亲定前十名的甲第名次。清代殿试阅卷也只有两三天时间,不如宋代"初考、覆考、详定,以十日为限"那样对试卷评定得较为精当。

总之,上述种种考试方法,在一定程度上体现了公平竞争、择优录取的原则,对于选拔人材及笼络士人都是有一定作用的。当然,这些方法并不像某些人所说的那样"至公无私",且其防弊措施虽多,但也防不胜防,明清时期科场案迭出,就是一个证明。另外,在政治清明时期,这些考试制度尚可得到比较认真的执行;在政治昏暗之时,则会名存实亡,如同虚设,南宋权相秦桧擅权之时就是这样。秦桧肆意破坏科举考试制度,使之成为其擅政专权、为其子孙窃取巍科、拉拢私党充塞仕途的工具。正如绍兴二十六年(一一五六)正月辛亥,殿中侍御史汤鹏举奏章中所言:"今科举之法,名存实亡,或先期以出题目,或临时以取封号,或假名以入试场,或多金以结代笔,故孤寒远方士子不得预高甲,而富贵之家子弟常窃巍科。又况时相(按指秦桧)预差试官,以通私计。前榜省闱、殿试,秦桧门客、孙儿、亲旧得占甲科,而知举、考试官皆登贵显,天下士子归怨国家。"(《建炎以来系年要录》卷一七一)

第五章　贡举考试内容

贡举的考试内容，直接关系到选拔什么样的人材，同时对于士人平时的学习也起着导向的作用。因而，为隋唐以来历代统治者所重视。随着时代的不同，贡举考试内容也发生了许多变化，对当时的政治及文化产生过重要影响，也为后人提供了许多宝贵的经验和教训。历代贡举科目不同，考试内容也就不同；同一科目，解（乡）试、省（会）试及殿试也不相同。现按照贡举科目，分别将各级考试的内容介绍如下。

第一节　进士解（乡）、省（会）试内容

隋唐以来，解（乡）试与省（会）试的内容大致相同。唐初，进士科只试时务策，但衡量策文好坏的标准，主

第五章　贡举考试内容

要不是看其内容，而是看其词华。应举者不是熟读经史，而是把模拟旧策作为学习内容，致使文化水平下降，没有实际才能。高宗调露二年（六八〇），刘思立为考功员外郎，"以进士惟试时务，恐伤肤浅，请加试杂文两道，并帖小经"（《封氏闻见记》卷三《贡举》）。根据刘思立的建议，永隆二年（六八一）八月诏："自今已后，考功试人……进士试杂文两首，识文律者，然后并令试策。"（《唐大诏令集》卷一〇六）另外，调露二年还根据刘思立的建议，明经、进士均加试帖经。也就是说，从高宗末年起，进士科不但试策，而且要试杂文、帖经。至中宗神龙元年（七〇五），这种"先帖经，然后试杂文及策"的三场考试制度最后确定下来，其具体情况是："进士帖一小经及《老子》，皆经、注兼帖；试杂文两首；策时务策五条。"《大唐六典》卷二《尚书吏部》）

唐制，正经有九，《礼记》《左传》为大经，《毛诗》《周礼》《仪礼》为中经，《周易》《尚书》《公羊传》《谷梁传》为小经。所谓"帖一小经"，即在《周易》《尚书》《公羊传》《谷梁传》中任选帖一经。至于"试杂文两首"，高宗、武则天、中宗三朝均为箴、铭、论、表之类。玄宗开元年间（七一三—七四一），开始以赋居其一，或以诗居其一，也有全用诗赋者,但并没有成为定制。到天宝年间(七四二—七五六),才开始专用诗赋。从天宝到德宗贞元年间(七四二—八〇五),诗赋成为进士取士的主要标准,进士帖经不合格,可以试诗代替,称为"赎帖"。贞元末年,情况又发生重大变化,一是进士以对策而不是以诗赋作为录取的主要标准,二是衡量策文好坏主要是看内容而不是看辞华。不过,终唐之世,进士试帖经、诗赋、时务策的格局未曾改变。

宋初进士承唐及五代之制,进士试诗、赋、论各一首,策五道,帖《论语》十帖,对《春秋》或《礼记》墨义十条。主要以诗赋取人。仁宗之后,兼以策、论定优劣。仁宗庆历四年(一〇四四)三月,改革科举,解、省试并试三场:第一场试策三道,一问经史,二问时务;第二场试论一首;第三场试诗、赋各一首。三场通考定去留。帖经、墨义并罢。不久新政失败,此制未及施行。神宗熙宁四年(一〇七一)二月一日,根据王安石的建议,颁布贡举新制:"进士罢诗赋、帖经、墨义,各占治《诗》《书》《易》《周礼》《礼记》一经,兼以《论语》《孟子》。每试四场:初本经,次兼经,并大义十道,务通义理,不须尽用注疏;次论一首;次时务策三道,礼部五道。"(《长编》卷二二〇)熙宁五年(一〇七二),第一场改为试本经大义五道,第二场改为试兼经（即《论语》《孟子》）大义各三道。元丰四年（一〇八一），解试加试律义一道，省试二道。这是一次对于贡举考试内容的意义重大、影响深远的改革。

为什么说王安石的这一改革，在中国科举制度史上，具有重要意义呢？

第一，变诗赋取士为经术取士，有利于封建国家造就和选拔"通经致用"的人才。对于封建统治来说，"诗赋浮靡，不根道德，施于有政，无所用之"（《长编》卷二二〇）。以诗赋取士，对于造就文学家，推动文学的发展，或许有一定作用；对于选拔和造就通经致用的人才，不但无益，反而有害。王安石在《上仁宗皇帝言事书》中说：以诗赋取士，"所得之技能，不足以为公卿"，结果是"不肖者，苟能雕虫篆刻之学，以此进至乎公卿；才之可以为公卿者，困于无补之学，而以此绌死于岩野，盖十八九矣"。这就是说，以诗赋取士，不足以选拔公卿之才。王安石在驳斥苏轼时又指出："今以少壮时正当讲求天下正理，乃闭门学作诗赋，及其入官，世事皆所不习，此乃科法败坏人才，致不如古。"（《文献通考》卷三一）以诗赋取士，使士人学非所用，用非所学，这样非但不足以选拔人才，反而会"败坏人才"。自从唐朝后期以来，有识之士虽然对以诗赋取士屡有批评，但是并没有什么重大改进，唯独王安石断然罢诗赋，专以经义、论、策取士，连司马光也认为："此乃革历代之积弊，复先王之令典，百世不易之法也。"（《温国文正司马公文集》卷五二《起请科场札子》）以经术取士，对于造就和选拔封建统治人才是有好处的。首先，儒家的经术是中国封建统治的主要思想武器；而且王安石所说的经术，已不是汉儒的传注之学，而是经过新的解释发挥、熔儒法释道为一炉的"新学"。其次，王安石主张经术不能脱离社会实际，通经是为了致用，即"通先王之意"而"施于天下国家之用"。

第二，罢帖经、墨义，以大义试经术，是贡举考试的一个进步。何谓"帖经"？《通典》卷十五《选举》三载："凡举司课试之法，帖经者以所习经掩其两端，中间开唯一行，裁纸为帖。凡帖三字，随时增损，可否不一，或得四、得五、得六者为通。"这大概是唐高宗调露二年（六八〇）的帖经之法。到唐玄宗天宝十一年（七五二），又稍有变化："每帖前后各出一行，相类之处，并不须帖。"（《唐会要》卷七五《帖经条例》）宋代帖经又称"帖书"，考试内容和方法也大体如此。这和现在的"填空"十分相似，故宋人亦称之为"填帖"。何谓"墨义"？王栐《燕翼诒谋录》卷二云："试场所问本经义疏，不过记出处而已。如吕申公试卷，问：'子谓子产有君子之道四焉，所谓四者何也？'答曰：'对：其行己也恭，其事上也敬，其养民也惠，其使人也义。谨对'。试卷不誊录，而考官批于界行之上，能记则曰'通'，不记则曰'不'。十问之中四通，则合格矣。其误记者，亦只书曰'不'。而全不能记，答曰：'对：未审。谨对。'"可见，所谓墨义，也不过是考试背诵经文及其注疏而已。内容和方法也都极为简单，其弊病甚多。正如司马光所说："有司以帖经、墨义试明经，专取记诵，不询义理。其弊至于离经析注，务隐争难，多方以误之。是致举人自幼至老，以夜继昼，腐唇烂舌，虚费勤劳，以求应格。诘之以圣人之道，懵若面墙。或不知句读，或音字乖讹。"（《温国文正司马公文集》卷五二《起请科场札子》）

何谓"大义"？宋仁宗庆历四年（一〇四四）贡举新制规定："试大义十道，直取圣贤意义解释对答，或以诸书引证，不须具注疏"（《宋会要辑稿·选举》三之二八）皇祐初年，刘恕曾对《春秋》《礼记》大义，其法为："先列注疏，次引先儒异说，末乃断以己意。"（《宋史》卷四四四《刘恕传》）《文献通考》卷三一云："试义者，须通经、有文采，乃为中格，不但如明经墨义粗解章句而已。"

通过以上简单对比，不难看出，试大义显然优于帖经、墨义。正如蔡襄所说："明经（按指帖书、墨义）只问所习经书异同，大义所对之义只合注疏大意，不须文字尽同，或有意见，即依注疏解释外，任自陈述，可以明其识虑。"（《蔡忠惠公文集》卷二三《论改科场条制疏》）可见，以大义试经术，对于封建国家造就和选择"通经致用"的人才，无疑是有好处的；对于学者，也不为无补。正因为如此，从熙宁四年（一〇七一）罢帖经、墨义之后，虽然经历了元祐更化、宋室南迁，以及元、明、清诸代政治风云的变幻，一直没有人提出要恢复帖经、墨义，而以大义试经术成为定制。当然，在后来的经义考试中，也发生过一些流弊。南宋中期以后，甚至命题者"强裂句读，专务断章"（《文献通考》卷三二），答义者不顾经旨，或争为新奇。到明代中叶之后，更演变为八股文。明清的八股文与宋代的大义是有明显区别的。

第三，罢诗赋，以策论取士，对于造就和选择经世致用之才也是有益的。如前所述，在封建社会，诗赋"施于有政，无所用之"，而论策则是封建官僚向皇帝"讲治道""议时政"的工具。对于封建国家来说，论策要比诗赋有用得多，连竭力维护诗赋取士的苏轼也不得不承认："自文章而言之，则策论为有用，诗赋为无益。"（《文献通考》卷三一）；就贡举考试来说，"诗赋不过工浮词，论策可以验实学"。以论策

第五章　贡举考试内容

取士，不但可以使举人留心于治乱，学其所用，用其所学，而且可以考察举人关于历代治乱兴衰的知识，了解他们对当代国家大事的对策，从中选拔真才实学之士。韩驹在上宋高宗的奏疏中说："臣窃唯神宗皇帝所以罢黜词赋而独不废策论者，以为取士之道，义以观其经术，论以察其智识，策以辨其谋略，则天下之士尽在吾彀中矣。"（《历代名臣奏议》卷一一五）韩驹的话是有道理的。

第四，加试律令大义，可以促使士人粗通法律，有利于实行法治。在封建社会，礼乐刑政是国家的大事。但是，唐宋贡举考试，对律令却并不重视，进士科不试律令。太宗太平兴国四年（九七九）虽曾加问口试律令墨义，到雍熙二年（九八五）即被废罢。因此，绝大多数举人只是闭门学作诗赋，根本不过问律令、断案之事。这些人一旦登科入仕，遇到有关律令、断案之事，只好取办于胥吏，很难称职。王安石改革贡举，使进士在考试经义、论、策之外，必须加试律令大义。这就必然促使举人们平时注意学习律令、断案等法律知识，在登科做官之后，也就能够按照有关律令处理政务。总之，王安石关于考试内容的改革是有进步意义的。

"元祐更化"之时，尽罢新法。在贡举考试内容方面，则罢试律义而加试诗赋。元祐二年（一〇八七）十一月庚申规定：考试进士分四场：第一场试本经义二道，《论语》或《孟子》义一道；第二场，试律赋一首，律诗一首；第三场，试论一首；第四场，问子史时务策三道。以四场通定去留高下。元祐四年（一〇八九）四月十八日，分经义兼诗赋进士、经义进士取士，各试四场：经义兼诗赋进士听习一经。第一场，试本经义二道，《论语》或《孟子》义一道；第二场，赋及律诗一首；第三场，论一首；第四场，子史时务策二道。经义进士并习两经（一大经、一中经或两大经）。第一场，试本经义三道，《论语》义一道；第二场，本经义三道，《孟子》义一道；第三场、第四场，同经义兼诗赋进士。并以四场通定高下去留。哲宗亲政之后，绍述神宗圣政，罢试诗赋，专治经术，各专一大经、一中经，愿专二大经者听。仍试四场：第一场，试大经义三道，《论语》义一道；第二场，试中经义三道，《孟子》义一道；第三场，试论一首；第四场，试子史时务策二道。

宋室南迁，高宗建炎二年（一一二八），复以经义、诗赋两科取士，但与元祐法略有不同：一是元祐法习诗赋兼试经义，建炎法则止试诗赋不兼经；二是元祐法不习诗赋人治两经，建炎法止治一经；三是元祐法各试四场，建炎法则各试三场。具体说来,诗赋进士,第一场诗、赋各一首,第二场论一首,第三场策三道;经义进士,第一场本经义三道,《论语》《孟子》义各一道,第二场论一首,第三场策三道。绍兴十三年(一一四三),合经义、诗赋进士为一科:第一场,大经义三道,《论语》《孟子》义各一道;第二场,诗赋各一首;第三场,子史论一首,时务策一道。绍兴十五年(一一四五),又分为两科,考试内容同建炎法。此后虽在绍兴二十七年(一一五七)合为一科,但只实行了一举,就又仍旧分为两科,直至南宋末年,相沿未改,成为永制。北宋元祐时期及南宋时期的考试内容,与熙宁、元丰时期基本相同,不同之处主要在于加试了诗、赋各一首。

元代乡、会试分为两榜。蒙古、色目人只试两场:第一场,经问五条,《大学》《论语》《孟子》《中庸》四书中设问,用朱熹《四书章句集注》,义理精明、文辞典雅者为合格。第二场,试经史、时务策一道,限五百字以上。汉人、南人试三场:第一场,明经、经疑二问,于"四书"内出题,限三百字以上;经义一道,各治一经,限五百字以上。第二场,古赋、诏诰、章表内科一道,古赋、诏诰用古体,章表四六,参用古体。第三场,试经史、时务策一道,限一千字以上。

明代乡、会试，据太祖洪武十七年（一三八四）所颁布的"科举成式"，乡、会试分三场：第一场，试四书义三道，每道二百字以上；经义四道，每道三百字以上。未能者，许各减一道。第二场，试论一道，三百字以上；判语五条；诏诰表内科一道。第三场，试经史策五道，未能者许减二道，俱三百字以上。

清初承明制，顺治二年（一六四五）颁科场条例，乡、会试第一场试"四书"义三题，"五经"义各四题，士子各占一经；第二场，《孝经》论一道，判五道，诏、诰、表内任选一道；第三场，经史时务策五道。康熙二年（一六六三），废"四书""五经"义，以策论表判取士，分为二场：第一场，试策五道；第二场，试"四书"论一篇，经论一篇，表一道，判五条。康熙四年（一六六五），礼部侍郎黄机上言："制科向系三场，先用经书，使阐发圣贤之微旨，以观其心术；次用策论，使通达古今之事变，以察其才猷。今止用策论，减去一场，似太简易；且不须用经书为文，人将置贤圣贤之学于不讲，请复三场旧制。"（《清史稿》卷一〇八《选举三》）于是，康熙七年（一六六八）遂复旧制。又因士人多不作诏、诰，遂于康熙二十年（一六八一）删去。乾隆二十一年（一七五六），对乡、会试内容作了较大的改革。乡试第一场，止试以"四书"文三篇；第二场，经文四篇；第三场，策五道。其论、表、判概行删省。会试略同，惟第二场经文之外加试表文一道。次年，又将表文改为五言八韵唐律一首。二十三年（一七五八），又在第一场"四书"文三题之后，加试《性理》论一题。五十二年（一七八七），确定第一场试"四书"文三篇，五言八韵诗一首；第二场，五经文五篇；第三场，经史时务策五道。从此成为定制。光绪二十四年（一八九八）曾谕停止用八股文，改试策论。戊戌变法失败，旋复旧制。二十七年（一九〇一），又宣布：嗣后乡、会试，第一场改试中国政治史事论五篇，第二场试各国政治艺学策五道，第三场试"四书"义二篇，"五经"义一篇。但是，仅仅实行了三年，科举制度就被废除了。

　　元明清乡、会试的考试内容，从表面上看与宋代差别不大，实际上却有着很大的不同。这主要表现在，第一，元明清三代提高了《大学》《论语》《孟子》《中庸》四书的地位，均列为首场考试，而且在决定应举人的去取高下中起主要作用。《清史稿》卷一〇八《选举志》云："时诏、诰题士子例不作，文、论、表、判、策率多雷同剿袭，名为三场并试，实则首场为重。首场又四书艺为重。"试官阅卷，也止阅首场，首场又止阅书义。第二，明成化之后，"四书""五经"义并用八股文，造成许多流弊。

第二节　进士殿试内容

殿试制度创立于宋。北宋初期，进士科殿试仅试赋、诗二题。如太祖开宝六年（九七三）第一次殿试，内出《未明求衣赋》《悬爵待士诗》题。太宗太平兴国三年（九七八），进士殿试加试论一首，自是常以三题为准。当年试题即为《不阵而成功赋》《二仪合德诗》《登讲武台观习战论》。神宗熙宁三年（一〇七〇），吕公著同知贡举，上奏曰："天子临轩策士而用诗赋，非举贤求治之意。且近世有司考较，已专用策论，今来廷试，欲乞出自宸衷，唯以诏策咨访治道。"（《三朝名臣言行录》卷八）于是，殿试进士罢赋、诗、论三题而改试策一道。哲宗元祐八年（一〇九三）三月二十三日，中书省言："进士御试答策，多系在外准备之文，工拙不甚相远，难于考校。祖宗旧制，御试进士诗赋论三题，施行久远，前后得人不少，况今朝廷见行文字，多系声律对偶，非学问该洽，不能成章，若不复行祖宗三题旧法，则学者未知朝廷所向。"于是，"诏来年御试，将诗赋举人复试三题，经义举人且令试策，此后全试三题"（《宋会要辑稿·选举》

第五章 贡举考试内容

八之三六至三七)。此诏未及施行，高太后病死，哲宗亲政，绍圣元年（一〇九四）三月，"诏今次御试举人依旧试策"（同上）。此后遂成为定制。

如前所述，诗赋"无用于世"，试策则可以促使举人关心政事，借以辨其谋略。尽管试策也有这样那样的弊病，但殿试内容由诗赋论三题改为时务策一道，无疑是一个进步。正如熙宁三年殿试初用策时，宋神宗所说："对策亦何足以实尽人材，然愈于以诗赋取人尔。"（《宋会要辑稿·选举》七之一九）大概也正因为如此，殿试内容为时务策一道，遂为元、明、清所沿用，成为不易之制。

元朝规定："御试。……汉人、南人试策壹道，限壹仟字以上成。蒙古、色目人时务策壹道，限伍佰字以上成。"（《通制条格》卷五《科举》）

明朝亦规定："殿试时务策一道，惟务直述，限一千字以上。"（《明会典》卷七七《殿试》）

清代殿试内容，仍为时务策一道，限一千字以上成。其不及一千字者，以不入式论。

明清殿试不誊录，限两日内阅卷完毕，"向来读卷诸臣，率多偏重书法，而于策文，则惟取其中无疵颣，不碍充选而已。"乾隆二十五年（一七六〇），大臣遵旨议定："嗣后殿试卷，除条对精详、楷法庄雅者尽登上选外，其有缮写不能甚工，而援据典确，晓畅时务，即为有体有用之才，亦应列为上卷。若敷衍成文，全无根据，即书法可观，亦不得充选。"（《钦定大清会典事例》卷三六一）但是，此后殿试仍然是重书法而轻策文。正如陈康祺《燕下乡脞录》卷一一所云："殿廷考试，专尚楷法，不复论策论之优劣。而读卷诸公，评骘楷法，又苛求之于点画之间。遂至一画之长短，一点之肥瘦，无不寻瑕索垢，评第妍媸。"这样，殿试内容就不是时务策而简直是书法考试了。

第三节　明经诸科考试内容

根据对历代贡举考试科目的考察，可以看出，唐代的明经大致相当于宋代的诸科，宋代的明经则是一个新设的科目。这里，我们主要以宋代的分类为基础考察其历代的沿革。

一、九经科

考试内容为《周易》《尚书》《毛诗》《礼记》《周礼》《仪礼》《春秋左传》《公羊传》《谷梁传》等九部经书及《论语》《孝经》等。后唐时九经各十帖，并对《春秋》《礼记》口义各十道。后周时改为帖经一百二十道，墨义六十道，策五道。宋初承之，惟不对策。仁宗庆历四年（一〇四四），曾罢帖经，并对墨义，并改为六场十四卷，共一百二十道。皇祐五年（一〇五三），减为四场，不问《孝经》《论语》《尔雅》等兼经。嘉祐二年（一〇五七），增问大义一场。

二、五经科

考试内容为《周易》《尚书》《毛诗》《礼记》《春秋》等五部经书及《论语》《孝经》等。后周时帖经八十帖，墨义六十道，并对策。宋初为帖书八十帖，对墨义五十条，分六场十一卷。庆历四年，曾改为六场七卷，并对墨义，共六十二道。皇祐五年，减为四场，不问《孝经》《论语》《尔雅》等兼经。嘉祐二年，增问大义一场。

三、三礼科

考试内容为《周礼》《礼记》《仪礼》。唐德宗贞元五年（七八九）规定：每经问大义三十条，共九十条，试策三道。需要说明的是，唐代所说的"大义"是指"墨义"，与宋代所说的"大义"不是同一个概念。后周时对墨义九十道。宋初承之。真宗大中祥符四年（一〇一一），减一场，即改为对墨义八十条。嘉祐二年，增问大义一场。

四、三传科

考试内容为《春秋左传》《公羊传》《谷梁传》。唐穆宗长庆二年（八二二）规定，《左传》问大义五十条，《公羊传》《谷梁传》各问大义三十条，策三道。义通七以上、策通二以上与及第。后周时对墨义一百一十条。宋初承之。真宗大中祥符四年，减一场，即改为一百条。嘉祐二年，增问大义十条。

五、学究一经科

考试内容为《周易》《尚书》《毛诗》中的一经或两经及《论语》《孝经》等。五代时原念书、对墨义各二十道，策五道；后周广顺二年（九五二），罢念书，共对墨义五十道。显德二年（九五五），《毛诗》学究对墨义六十道；《周易》《尚书》学究为一科，各对墨义三十道。宋初，《毛诗》学究对墨义五十条，《论语》十条，《尔雅》《孝经》共十条。分七场，共七十条。《周易》《尚书》学究仍为一科，各对墨义二十五条，兼经并同《毛诗》学究之制。太祖开宝七年（九七四），三经学究并为一科。太宗太平兴国四年（九七九），又分为三科。真宗初年，又恢复宋初之制。嘉祐二年，增试大义十条。

六、《开元礼》及《通礼》科

考试内容为《开元礼》或《开宝通礼》。唐德宗贞元二年（七八六）规定，问大义一百条，试策三道。义通十条，策通二道以上为合格。后周时，对墨义三百道，策五道。宋初，对墨义三百条，分三十场。太祖开宝六年（九七三），宋修《开宝通礼》成，遂改《开元礼》科为《通礼》科。太宗淳化四年（九九三），改试十五场，对墨义一百五十条，余十五场，每场抽取三卷，当面口试，能晓大义及识奇字者，并为合格。嘉祐二年，增问大义十条。

七、三史科

考试内容为《史记》《汉书》《后汉书》。唐穆宗长庆二年（八二二）规定，每史问大义一百条、策三道，义通七十、策通二以上为合格。五代时对墨义三百道，策五道。宋初，对墨义三百条，分三十场。太宗淳化四年（九九三），改试十五场，对墨义一百五十条，余十五场，每场抽取三卷，当面口试，能晓大义及识奇字者，并为合格。嘉祐二年，增问大义十条。

八、明法科及新科明法

考试内容为律、令、断案及《论语》《孝经》等。唐代，"明法，试律令各十帖，试策共十条（原注：律七条，令三条），全通为甲，通八以上为乙，自七以下为不第"（《通典》卷一五《选举》三）。五代时，帖律令十帖，对律令墨义二十道，策试十条。宋初，对律令墨义四十条，兼试《论语》十条，《尔雅》《孝经》共十条，分为六场。真宗景德二年（一〇〇五），改为七场：第一场、第二场试律，第三场试令，第四场、第五场试小经，第六场试令，第七场试律，即对律墨义三十条、令墨义二十条、小经墨义二十条，共对墨义七十条。嘉祐二年增试大义十条，神宗熙宁四年（一〇七一），改为新科明法。试律令大义、《刑统》大义五道，断案三道。哲宗元祐二年（一〇八七），加试《论语》大义二道、《孝经》大义一道，分为五场。元祐三年（一〇八八），改为试三场：第一场，《刑统》大义五道；第二场，试本经大义（于《易》《诗》《书》《周礼》《礼记》中任选一经）五道；第三场，试《论语》《孝经》大义各二道。共试大义十四道。

九、明经科

考试内容为《礼记》《春秋左传》两大经，《毛诗》《周礼》《仪礼》三中经，《周易》《尚书》《谷梁传》《公羊传》四小经及《论语》《孝经》。唐初，明经止试两经，兼试《孝经》《论语》。这两经必须一大经一小经或两中经。后来又有试三经、五经者。《新唐书·选举志》云："凡明经，先帖文，然后口试，经问大义十条，答时务策三道。"即试帖经、口义（或墨义）、策。五代时，明经原帖书五十帖，后周时改为对墨义五十道。宋仁宗嘉祐二年（一〇五七）创置明经科，并试三经（大、中、小经各一）。每经试墨义、大义各十道；兼帖《论语》《孝经》十道；又试时务策三道，分为八场。次年改为大、中、小三经试墨义、大义各二十道，帖小经十道，试策三道，仍共为八场。

辽设有法律科，称为"杂科"，所试内容不详。金设律科，又称"诸科"，考试内容为律、令，兼试《论语》《孟子》。府试十五题，每五人取一人；会试分三场，每场十五题，三场共通三十六题以上，文理优、拟断当、用字切者为中选。

元、明、清无明经、诸科。

以上所考察的，主要是明经、诸科解、省试的内容。至于其殿试内容，关于诸科，史籍记载不详，似应略同省试而稍简，亦试帖经、墨义；关于明经，《宋会要辑稿·选举》三之三六载："御试明经大义十道：大经四，中经、小经各三。"

第四节　试卷格式与范例

从隋唐至明清，贡举考试的试卷即程文，主要有帖经、墨义、大义、八股文、诗、赋、论、策等。

一、帖经与墨义

帖经、墨义施行于唐、五代及北宋，现特举北宋吕夷简墨义试卷为例以说明其格式。

问：见有礼于其君者，[事之，]如孝子之养父母也。请以下文对。

对：下文曰："见无礼于其君者，[诛之，]如鹰鹯之逐鸟雀也。"谨对。

（《文献通考》卷三十按语引吕夷简应本州解试试卷）

这道墨义出于《春秋左传》文公十八年。答卷等于背诵默写。正如马端临所说："大概如儿童挑诵之状。"

二、大义与八股文

大义又称经义。宋代的大义范文保存至今者甚少。《古今图书集成·文学典》载有王安石的"经义式"，收录了《里仁为美》《五十以学易》《参也鲁》《浴乎沂》《非礼之礼、非义之义，大人弗为》《可以与、可以不与，与伤惠；可以死、可以无死，死伤勇》等六篇大义。其后两篇见于《王文公文集》卷二八，改题为《非礼之礼》《勇惠》。《苏轼文集》卷六保留了数篇大义。《宋文鉴》卷一一一也保存有张庭坚的两篇经义，题为《自靖，人自献于先王》《惟几惟康其弼其》。另外，《作文要诀》中也收录了宋张庭坚、张孝祥等人经义十六篇。现抄录苏轼《三传义》一篇，以供参考。

问：鲁作丘甲成元年

对：先王之为天下也，不求民以其所不为，不强民以其所不能，故其民优游而乐易。周之盛时，其所以赋取于民者，莫不有法，故民不告劳，而上不阙用。及其衰也，诸侯恣行，其所以赋取于民者，唯其所欲，而刑罚随之，故其民至于穷

105

而无告。夫民之为农，而责之以工也，是犹居山者而责之以舟楫也。鲁成公作丘甲，而《春秋》讥焉。《谷梁传》曰："古者农工各有职。甲，非人人之所能为也。丘作甲，非正也。"而杜预以为古者四丘为甸，甸出长毂一乘，戎马四匹，牛十二头，甲士三人，步卒七十二人，而鲁使丘出之也。夫四丘而后为甸，鲁虽重敛，安至于四倍而取之哉！哀公用田赋，曰二吾犹不足。而夫子讥其残民之甚。未有四倍而取者也。且夫变古易常者，《春秋》之所讥也。故书作三军、舍中军、初税亩、作丘甲、用田赋者，皆所以讥政令之所由变也。而《谷梁》、杜氏之说如此之相戾，安得不辨其失而归之正哉！故愚曰：《谷梁》之说是。谨对。

（《苏轼文集》卷六）

此为北宋中期大义的样式，后来又有所变化。据说，到南宋末年，经义已形成固定的格式。元倪士毅在《作义要诀》自序中说："至宋季，则其篇甚长，有定格律：首有破题，破题之下有接题（接题第一接，或二、三句，或四句，下反接，亦有正说而不反说者），有小讲（小讲后，有引入题语，有小讲上段；上段毕，有过段语，然后有下段），有缴结。以上谓之'冒子'。然后入官题，官题之有下原题（原题有起语、

第五章　贡举考试内容

应语、结语,然后有正段,或又有反段,次有缴结),有大讲(有上段,有过段,有下段),有余意(亦曰从讲),有原经,有结尾。篇篇按此次序。其文多拘于捉对,大抵冗长繁复可厌。"说明南宋后期经义,分为破题、接题、小讲、缴结、官题、原题、大讲、余意、原经、结尾十个部分,而且多用对偶,篇幅较长。

关于元代的经义,元人倪士毅《作义要诀》认为,"今之经义,不拘格律",但也应分冒题(包括破题、接题)、原题(包括起语、应语、结语)、讲题、结题四大段落。元人王充耘则著有《书义矜式》一书,在《书经》每篇中摘取数题,撰出程文,以供士人参加贡举考试时参考。所列程文的格式,均按破题、承题、小讲、缴结、官题、原题、大讲、余意、原经、结尾十个段落为序。而且原题、大讲、余意、原经四个段落均各用两股互相排比对偶的文字。朱瑞熙认为,宋元经义的这种十段文,正是明清八股文的雏形(参见《宋元的时文——八股文的雏形》,《历史研究》一九九〇年第三期)。

明宪宗成化(一四六五—一四八七)之后,大义演变成八股文。八股文,又称八比文、制义、制艺、时文等。其主要特点为:

第一，必须按照"四书""五经"及官方指定的注疏，"代圣贤立言"，不准应举人发挥己意。

第二，有严格的固定格式。八股文通常由破题、承题、起讲、入题、起股（起比）、出题、中股（中比）、后股（后比）、束股（束比）、落下（收结）等十部分文字组成，其中起股、中股、后股、束股必须各有两股排比、对偶而相对成文的文字，故称八股文。

八股文的开头为"破题"，即将题目字面破释开来，点破题意。破题限用两句，可用对偶，也可散行。破题又有明破、暗破、顺破、倒破、正破、反破之分。

二是"承题"，指承接破题，进一步说明题意。一般用三、四句散行文字。承题也有明、暗、正、反、顺、倒之分，而且要与破题相反相成。

三是"起讲"，又称"小讲""原起"，开始用圣贤的口气进行议论，主要内容仍是进一步发挥题意。明代起讲较为简单，一般用三、五句，清代则多用十句左右，可用排偶，也可以散行。以上三部分合称为"帽子"，即题前部分，都只是说明题意，尚未进入正题。

四是"入题"，又称"入手""领题"，即用一两句或三四句过渡性的散句，将文章引入正题。

五是"起股",又称"初股""初比""提比",用四、五句或八、九句对偶排比文字,提起全篇之势,以总论、虚说为主。

六是"出题",即在起股之后,用一、二句或三、四句散句将题目点出。

七是"中股",又称"中比"。中股与后股是八股文的主要部分,要尽量阐发题目的意蕴。文字长短不定,可用四、五句至十几句对偶排比。

八是"后股",又称"后比",尽量发挥中股所未尽之意。通常用十来句到二十几句对偶排比,如中股较长,后股也可短些。

九是"束股",又称"束比",若起股、中股、后股意犹未尽,可用束股加以收束;若意已尽,可照破题、承题、起讲,总括全篇。文字通常较短,一般用二、三句或三、四句对偶排比即可。有的八股文起股、中股、后股已将题意说尽,束股可以略去,即八股文只作六股。有的不作束股,而用两小股插入中股前后,仍为八股。起股、中股、后股、束股为正题部分。

十是"落下",又称"收结",即八股文的结尾。明代八股文常在篇末作大结,可以兼及时事;清初取消大结,而用

109

一、二句散句结束全篇，称为收结或落下。

八股文不但在结构上有严格规定，甚至连每部分开头的虚词也有规定。如清代规定，破题末尾要用虚词；承题开头用"夫""而""盖"等单音虚词，末一字用"耳""焉""矣"等虚词；起讲开头用"且夫""尝谓""若曰"等虚词。

另外，对八股文的字数也有具体规定。明洪武十七年（一三八四）规定，书义每道二百字以上，经义每道三百字以上。万历八年（一五八〇）又规定，限五百字以内，过多者不予誊录。清顺治二年（一六四五）规定，每篇限五百五十字；康熙二十年（一六八一）增为六百五十字；乾隆四十三年（一七七八），又增为七百字，遂成为定制。超过七百字，概不录取。

明清八股文存世者尚多。乾隆元年（一七三六）方苞编有《钦定四书文》一书，收录明清时文七百八十三篇，颁行天下，可作为八股文的典范。现从中抄录一篇，以供参考。

子谓颜渊曰："用之则行，舍之则藏，惟我与尔有是夫！"

韩菼

圣人行藏之宜，俟能者而始微示之也。（破题）

第五章　贡举考试内容

盖圣人之行藏，正不易晓，自颜子几之，而始可与言之矣。（承题）

故特谓之曰：毕生阅历，只一二途以听人之分取焉，而求可以不穷于其际者，往往而鲜也。迨于有可以自信之矣，而或独得而无与共，独处而无与言。此意竟之寤歌自适也耶？而吾今乃有以语尔也。（起讲）

回乎！人有积平生之得力，终不自明，而必俟其人发之者，情相待也。故意气至广，得一人焉，可以不孤矣。人有积一心之静观，初无所试，而不知他人已识之者，神相告也。故学问诚深，有一候焉，不容终秘矣。（起二股）

回乎！尝试与尔仰参天时，俯察人事，而中度吾身，用耶舍耶？行耶藏耶？（出题）

汲于行者蹶，需于行者滞。有如不必于行，而用之则行者乎？此其人非复功名中人也。一于藏者缓，果于藏者殆。有如不必于藏，则舍之则藏者乎？此其人非复泉石间人也。（两小股）

则尝试拟而求之，意必诗书之内有其人焉，爰是流连以志之，然吾学之谓何？而此诣竟遥遥终古，则长自负矣。窃念自穷本观化以来，屡以身涉用舍之交，而充然有余以自处者，此际亦差堪慰尔。则又尝身为示之，今者辙环之际有微指焉,乃日周旋而忽之,然与人同学之谓何?而此意竟寂寂人间,亦用自叹矣。而独是晤对忘言之顷,曾不与我质行藏之疑,而渊然此中之相发者,此际亦足共慰尔。(中二股)

而吾因念夫我也,念夫我之与尔也。(过接)

惟我与尔揽事物之归,而确有以自主,故一任乎人事之迁,而只自如其性分之素。此时我得其为我,尔亦得其为尔也,用舍何与焉,我两人长抱此至足者共千古已矣。惟我与尔参神明之变,而顺应无方,故虽积乎道德之厚,而不争乎气数之先。此时我不执其为我,尔亦不执其为尔也,行藏又何事焉,我两人长留此不可知者予造物已矣。(后二股)

有是夫,惟我与尔也夫。而斯时之回,亦怡然得、默然解也。(收结)

(《钦定本朝四书文》卷三)

八股文从空虚的内容到僵化的形式,都是对士人的一种桎梏,在它盛行的四百多年间,不知摧残了多少人才,也不知对社会的发展造成了多大的危害!明末清初的大思想家顾炎武说:"愚以为八股之害等于焚书,而败坏人才,有甚于咸阳之郊所坑者但四百六十余人也。"(《日知录》卷一六《拟题》)清人徐大春(灵胎)在一首"劝世道情"中对时文进

第五章 贡举考试内容

行了辛辣的讽刺：

读书人，最不齐。烂时文，烂如泥。国家本为求才计，谁知道变做了欺人技。三句承题，两句破题，摆尾摇头，便道是圣门高第。可知道"三通"、"四史"是何等文章？汉祖、唐宗是那一朝皇帝？案头上放高头讲章，店里买新科利器。读得来肩背高低，口角嘘唏，甘蔗渣儿嚼了又嚼，有何滋味！辜负光阴，白白昏迷一世。就教他骗得高官，也是百姓朝廷的晦气。（袁枚《随园诗话》卷一二）

既然如此，那么为什么会出现八股文，又为什么能盛行四个多世纪之久呢？这主要是因为它适应了封建统治者实行文化专制主义，维护封建统治的需要；其次是因为它还适应了试卷程式化、标准化的需要。正如鲁迅所说："八股原是蠢笨的产物。一来是考官嫌麻烦——他们的头脑大半是阴沉木做的——什么代圣贤立言，什么起承转合，文章气韵，都没有一定的标准，难以捉摸，因此一股一股地定出来，算是合乎功令的格式，用这格式来'衡文'，一眼就看得出多少轻重。二来，连应试的人也觉得又省力，又不费事了。"（《伪自由书·透底》）

113

由以上可知，在中国科举考试史上，对经术的考试经历了帖经墨义、大义、八股文三个阶段。有人认为，八股文始于王安石的大义，其实这是一种误解。熙宁时期的大义，在内容上不拘泥于经文和注疏，也不是"代圣贤立言"，而是强调阐明经旨，自陈己见；其文体为散文，没有什么固定的格式，更不要求必须对偶排比。明清的有识之士也未把熙宁的大义与八股文混为一谈。顾炎武就曾指出："经义之文，流俗谓之八股，盖始于成化以后。"（《日知录》卷一六《诗文格式》）清人胡鸣玉也说："今之八股，或谓始于王荆公，或谓始于明太祖，皆非也。"（《订讹杂录》卷七）顾炎武还提出了一个革除八股文之害的办法："凡'四书'、'五经'之文，皆问疑义。……其对者必如朱子所云：'通贯经文，条举众说，而断以己意。'"（《日知录》卷一六《拟题》）这种办法，实际上是恢复熙宁经义的旧制。可以说，北宋熙宁四年（一〇七一）变帖经、墨义为大义，无疑是一个进步，而明成化以后变大义为八股文，则是一个倒退。

三、诗与赋

诗是唐代中后期至北宋前期进士科考试的重要内容之一。宋神宗熙宁四年（一〇七一），王安石改革贡举，罢诗赋，

第五章　贡举考试内容

专以经义、论、策试进士。哲宗元祐年间（一〇八六——一〇九三）及南宋时期，考试用诗仅限于诗赋进士之解、省试。元、明贡举考试均不用诗。至清乾隆二十二年（一七五七），才明确规定，从本年丁丑科会试开始，"嗣后会试第二场表文，可易以五言八韵唐律一首"（《钦定大清会典事例》卷三三一）。不久又规定，从乾隆二十四年（一七五九）开始，乡试于第二场经文之外，亦加试五言八韵唐律一首。于是，诗成为清代科举考试的重要内容。

唐宋贡举考试之诗，被称为"省题诗"。其格式为五言律诗，限六韵十二句六十字成。如《白居易集》卷三十八载其省试诗云：

玉水记方流诗以"流"字为韵，六十字成。

良璞含章久，寒泉彻底幽。

尹孚光滟滟，方折浪悠悠。

凌乱波纹异，萦回水性柔。

似风摇浅濑，疑月落清流。

潜颖应旁达，藏真岂上浮？

玉人如不记，沦弃即千秋。

又如宋代省题诗试卷书写格式为：

奉

试天德清明诗

以题中平声字为韵，限五言六韵成。

云云。

涂、注、乙共计若干字。如无涂、注、乙，即云涂、注、乙无。

（《礼部韵略》附《贡举见行条式》）

另外，宋代省题诗还有其他许多限制，凡"犯名讳""文理纰缪""不识题""漏写官题""全漏写官韵""不压官韵""落韵""重叠用韵""失平仄""韵数少剩""全用古人一联""两韵以前不见题""试卷不写'奉试'"等，违犯其中一条，即径黜落，不予考校，称为"不考式"。此外还有"抹式""点式"等规定。（《礼部韵略》附《绍兴重修通用贡举式》）

清代乡、会试所用诗，称为"试帖诗"。郑天挺在《清代考试的文字——八股文和试帖诗》中说："试帖诗的'帖'和'帖经'、'帖括'的'帖'，是同样的意思，即不能离开诗题任意发挥。最初，试帖诗也是根据孔孟之道来阐述的，后来发展成为用帖试这种体裁来描绘古人诗句的含义。"（载《故宫博物院院刊》一九八二年第二期）试帖诗与省题诗相似，只是改为五言八韵，而且各种要求更加严格、古板。如清道光二十七年（一八四七）丁未科会元许彭寿试帖诗云：

赋得天心水面得"知"字，五言八韵。

夜月辉蓬岛，春风满液池。

天心昭朗澈，水面静涟漪。

溥博瞻如此，澄清念在兹。

玉衡悬自正，金鉴照无私。

消息先研《易》，文章孰悟诗。

虚明仙界迥，飞跃化机随。

星采罗胸际，云光洗眼时。

慎修钦御论，至理圣人知。

（参见王道成《科举史话》）

赋也是唐代中后期至北宋前期进士科考试的主要内容之一。宋神宗熙宁四年（一〇七一）王安石改革贡举时被废罢，哲宗元祐年间（一〇八六——一〇九三）及南宋时期，又成为诗赋进士解、省试考试的一项重要内容。元代规定，汉人、南人进士乡、会试的第二场，在古赋、诏诰、章表中任选一道。明、清两代，均不再试赋。

唐代科举考试所用赋，与一般赋也有不同，不但规定韵脚，而且限定字数，对韵脚依次用、不依次用也有规定，骈四俪六，类似律诗，故被称为"律赋"。唐代中期，律赋的韵数多寡，平仄次序，尚无定格；文宗大和（八二七—八三五）之后，始以八韵为常，以四平四仄为定格。如《白居易集》所载其德宗贞元十六年（八〇〇）应进士试的《省试性习相远近赋》，题下即注云："以'君子之所慎焉'为韵，依次韵，限三百五十字以上成。"但其所出赋题，尚无限制，可出自经史，也可由考官任意命题，或景物，或器物均可。

宋代科举考试用赋，其格律要求更为严格，而且出题范围限于经史，不但限定韵脚，依次使用，而且规定了"不考式""抹式""点式"。如《绍兴重修通用贡举式》规定：凡是"犯名讳""文理纰缪""不识题""漏写官题""全漏写官韵""不压官韵""落韵""重叠用韵""协韵正韵重叠""失平侧""小赋内不见题""少二十字""试卷不写'奉试'"等十三条中，违犯任何一条，均径黜落，不予考校。（《礼部韵略》附）宋代贡举试赋试卷也有一定的书写格式，据《礼

第五章　贡举考试内容

部韵略》所附《贡举见行条式》载：

> 奉
>
> 试周以宗强赋
>
> 以"周以同姓强固王室"为韵，
> 依次用，限三百六十字以上成。
>
> 云云。
>
> 涂、注、乙共计若干字。如无涂、注、乙，即云涂、注、乙无。

在现存宋人文集中，也保存有一些省试赋和殿试赋。仁宗天圣八年（一〇三〇），欧阳修进士及第，为省试第一名（省元）。现将其《省试司空掌舆地图赋》抄录如下，以供参考。文中加着重号的字，即该赋所限定的官韵。

省试司空掌舆地图赋平土之职图掌舆地。

率土虽广，披图可明。命乃司空之职，掌夫舆地之名。奉水土以勤修，慎司无旷；览山川而尽载，按谍惟精。所以专一官而克谨，辨九区而底平者也。伊昔令王，尊临下土。以谓绵宇非一，不可以周览；众职异宋，俾从于各主。故我

119

因地理之察，宜建冬官而法古。将使如指诸掌，括乎地以无遗；皆聚以书，著之图而可睹。险固咸在，方隅异宜，分形胜以昭著，庶指陈而辨之。度地居民，既修官而有旧；辨方正位，俾披文而可知。其或作屏建亲，命侯封国，小大有民社之制，远迹异封圻之式。非图无以辨乎数，非官无以奉其职。主于空土，既险阻之尽明；别尔封疆，志广轮而可识。诚由据函夏之至要，赞大君之永图；上以体国而经野，下以建邦而设都。参古号于周官，各司其局；辨群方于禹迹，无得而逾。是何标区域以并分，限华夷而靡爽；域中所以张乎大，天下无以逾其广。亦犹五土异物，必辨于司徒之官；九州有宜，乃命乎职方之掌。用能三壤咸则，四民奠居，穷人迹于遐域，包坤载于方舆。且异夫充国论兵，但模方略之状；邓侯创业，惟收图籍之余。彼《夏贡》纪乎州名，《汉史》标乎地志。虽前策之并载，在设官而未备，曷若我谨三公于汉仪，专掌图于舆地。

（《欧阳文忠公集》卷七四）

四、论与策

论是一种议论文。从唐高宗调露二年（六八〇）起，开始成为进士考试的一项内容。此后，除元代之外，宋及明、清各代，解（乡）、省（会）试均试论一首。关于论的试卷书写格式，《礼部韵略》所附《绍兴重修通用贡举式》载：

奉

试某论具所试题

限五百字以上

论曰：云云。谨论。

涂、注、乙共计若干字。

这是宋代的书写格式，其他朝代大概也与此相似。此外，对论的写法一般没有更多的要求，但也不能违犯"不考式"，如"犯名讳""文理纰缪""不识题""漏写官题""论题全漏写限五百字以上""少五十字""试卷不写'奉试'……'论曰'或'谨论'"等，否则也将黜落，不予考校。南宋后期，魏天应编有《论学绳尺》一书，收录宋人的论三百五十六篇，并有作论要诀一卷，讲解如何破题、原题、讲题、使证及结尾等，是专供应举人学习参考用的。现抄录一篇如下：

孝宣厉精为治 　　　　　　　　　　林希逸

论曰：以一人而作新天下，亦运诸此心而已。神乎心之用也，举天下之大，斡旋阖辟，有非智巧之所能，而精神之地，一日用其力焉，则治之功用随之。此其故何也？盖吾心之蕴者为精，而其发者为治。求治于天下，不于其治而于其心，则沉潜于未发之先，激扬于既发之后，风采所至，急必备，弛必张，事物条理而政治精明，特吾心一运量之顷尔。

地节、元康之政，汉治更始之日也。帝之精神晦藏亦甚矣。一旦权纲反正，而与斯世更新焉。不致力于其他，而汲汲于此心之用。一念奋而百废兴，帝之所操何其约也。方其韬晦，则精蕴于心；及其奋发，则精见于治。中兴之盛，其可以心外求之乎！孝宣厉精为治，请以是明班固之意。

尝谓治道之精神在于人主，而人主之精神在于一心。含洪停蓄，心之体也；光明发越，心之用也。其虚灵之妙、主宰之神，存诸方寸者虽微，而万化之枢纽、百为之纲纪系焉。帝之所以帝，王之所以王，无非吾心之精者为之也。今夫日月星辰之运行，阴阳寒暑之代谢，人莫不以为天之功。而冥冥之中，乾实主之。大易之赞乾，既曰刚健、中正、纯粹矣，而管摄之妙独归于精之一辞。精也者，其乾道变化之根乎！吁！乾道也，君也。天以乾运而精之用见于四时，君以心运

第五章　贡举考试内容

而精之用见于政治，二者盖同一机括也。宣帝之为君，固未足以语此，而更始一意独得于此心之用，愚于是有取焉尔。

地节以前，帝之于治何如也？弊根之蟠固，蠹冗之浸淫，志气梏于滞固之深，神采铄于退逊之久，民生疾苦，帝非不知也，而未及问焉；吏治得失，帝非不闻也，而未暇察焉。帝于斯时，韬聪明以自晦，则此心之精者未露也；藏智勇以若怯，则此心之精者未奋也。一旦阴翳剥而阳和舒，洊雷震而群蛰起，一时之政，粲然精芒，如太阿之出匣，人孰不曰：枢机周密，治之键也；品式备具，治之目也。劳来之褒，所以明劝赏之权；副封之撤，所以防壅蔽之渐。初政施行，班班可纪，治之姜殆以是基之。

然尝观诸帝之心矣！遣使循问之诏，则曰朕所甚闵；直言箴过之诏，则曰朕所甚惧。想其闵心一萌，而痒疴疾痛真切吾身；惧心一动，而天地鬼神森布左右。其曰念虑之不忘，其曰朕意之未称，无非此心之精所著见者。故听断惟精，见于斋居之决，而内治以兴；饬躬斋精，诏及勤事之吏，而吏治以振。二十余年，田里绝愁叹之声，上下无苟且之意，文学法意咸精其能，中兴之治号为厉精，至令在人耳目，是岂出于帝心之外乎！帝果何以得此哉？人之一心，动则汩，静则精。当其韬晦之时，盖有静定之益；阅历之久，则其见精；

123

容忍之积,则其虑精;帝之所得,愚知其出于是精矣。

  虽然,心也者合理与气而后有是名也。理足以御气,则其用也纯;气得以胜理,则其用也驳。唐虞三代之治,粹而不杂,精而无间,纯乎心之理也;秦汉而下,英君谊辟时获有为于斯世,而大抵皆以气主之。以帝之精锐,一时之振厉固有余用,而不能充此心之理,以进于传心精一之地,使汉之为汉,仅止于斯,是可慨叹也已。岂惟帝哉!贞观之思治,曰厉精也;开元之政事,亦曰厉精也。于其气而不于其理,视帝盖一辙焉。帝与大宗犹能勉强支持,帅是气以终身,故不尽见其败缺;玄守之晚节,亦馁甚矣。后之厉精为治,其监于兹!谨论。

(《论学绳尺》卷一)

  林希逸于宋理宗端平二年(一二三五)进士及第,此论有考官批语云:"地位广大,议论纯粹,时文中高作也。"这大概是他省试的试卷。由此也可以窥见各代所试论的一斑。不过,清代论题一般出于《孝经》《性理》,其局限性就更大了。

  策也是一种古老的议论文。以策作为考试内容,在汉代的察举中就已经实行了。科举制度创立伊始,就是以策取进士。历经隋唐宋元明清各代,策一直是科举考试的一项重要内容。宋神宗熙宁三年（一〇七〇）之后，不但解（乡）、省（会）试最后一场要试策，而且殿试也试策。只不过时代不同，策在科举取士中的所占地位不同罢了。策按其内容又分为三种：一是以经学为考试内容的经策，二是以历史为考试内容的史策，三是以时事政治为考试内容的时务策。三者之中，以后者实用价值最大，在科举考试中使用最多。贡举考试中，对策的格式要求较松，如南宋时殿试策试卷的书写格式为：

奉

御试策一道

限一千字以上

臣对：云云。臣谨对。

涂、注、乙共计若干字。

现存宋人文集中，保存有不少科举考试的策问及策，如宋高宗绍兴二十七年（一一五七）状元及第的王十朋的《御试策》（《梅溪王先生文集》卷一），光宗绍熙四年（一一九三）状元及第的陈亮的《廷对策》（《陈亮集》卷一一），理宗宝祐四年（一二五六）状元及第的文天祥的《御试策》

（《文山先生全集》卷三）等。这些御试策，短者有三四千字，长者达八九千字。可见其字数只有低限，没有高限。而解、省试策则要短得多。

明朝乡、会试策每道限三百字以上，御试策限一千字以上。洪武二十四年（一三九一）定文字格式："凡对策，须参详题意，明白对答，如问钱粮即言钱粮，如问水利即言水利，孰得孰失，务在典实，不许敷衍繁文。"（《明会典》卷七七《科举通例》）现存有万历二十六年（一五九八）状元赵秉忠的殿试卷，其格式为："臣对：臣闻……臣谨对。"共二千四百六十字。另有其简历一份，包括姓名、年龄、籍贯、乡试、会试中式及三代脚色、所习经书。（《参见《文物》一九八四年第四期）

清承明制，无甚更改。清代策卷现存尚多，兹不一一列出。明清御试策文太长，今抄录明人张居正所撰隆庆五年（一五七一）会试策一道，以供参考。

辛未会试程策（之二）

问：王者与民信守者法耳，古今宜有一定之法。而孟轲、荀卿皆大儒也，一谓法先王，一谓法后王，何相左欤？我国家之法，鸿纤具备，于古鲜俪矣。然亦有在前代则为敝法，

第五章　贡举考试内容

在熙朝则为善制者，岂行之固有道欤？虽然，至于今且敝矣，宜有更张否欤？或者谓患不综覈耳。古今论综覈者莫如汉宣帝，然当其时，亦五日一视事矣，伪增籍者受赏矣。若此者，可谓行法欤？宣优于文，岂为通论，而或者亟其叹服；抑宣美元，似知大体，而或者深刺其非，孰为当欤？夫欲综覈，则情伪有不可穷；更张，则善制有不必变，诚不知所宜从也，愿熟计其便著于篇。

法不可以轻变也，亦不可以苟因也。苟因则承敝袭舛，有颓靡不振之虞，此不事事之过也；轻变则厌故喜新，有更张无序之患，此太多事之过也。二者，法之所禁也，而且犯之，又何暇责其能行法哉！去二者之过，而一求诸实，法斯行矣。

执事发策，考孟、荀之异论，稽国家之旧章，审沿革之所宜，求综覈之实效。愚尝伏而思之。夫法制无常，近民为要；古今异势，便俗为宜。孟子曰：遵先王之法而过者，未之有也。此欲法先王矣。荀卿曰：略法先王而足乱世，（术）不知法后王而一制度，是俗儒者也。此欲法后王矣。两者互异，而荀为近焉。何也？法无古今，惟其时之所宜与民之所安耳。时宜之，民安之，虽庸众之所建立不可废也；戾于时，

127

拂于民，虽圣哲之所创造可无从也。后王之法，其民之耳而目之也久矣。久则有司之籍详，而众人之智熟，道之而易从，令之而易喻，故曰法后王便也。

往代无论已。明兴，高皇帝神圣统天，经纬往制，博稽逖采，靡善弗登。若六卿仿夏，公孤绍周，型汉祖之规摹，宪唐宗之律令，仪有宋之家法，采胜国之历元，而随时制宜，因民立政，取之近代者十九，稽之往古者十一，又非徒然也。即如算商贾、置盐官，则桑之遗意也；论停解、制年格，则崔亮之选除也；两税三限，则杨炎之田赋也；保甲、户马、经义取士，则安石之新法也。诸如此类，未可悉数。固前代所谓陋习敝政也，而今皆用之，反以收富强之效而建升平之业。故善用之，则庸众之法可使与圣哲同功，而况出于圣哲者乎！故善法后王者，莫如高皇帝矣。

天府之所藏，掌故习之所颁，有司守之，大小相维，鸿纤具备，自三代以来，法制之善未有过于昭代者也。然今甫二百余年耳，科条虽具而美意渐荒，申令虽勤而实效罔获。屯田兴矣，土旷犹故也；醼政举矣，蜚挽犹故也；清勾数矣，乏伍犹故也；积粟课矣，空廪犹故也，岂法之敝而不可行哉！故议者谓宜有所更张而后可以新天下之耳目者，愚窃以为不然也。夫高皇帝之始为法也，律令三易而后成，官制晚年而

第五章　贡举考试内容

始定，一时名臣英佐相与持筹而算之，其利害审矣，后虽有智巧，篾以逾之矣。且以高皇帝之圣哲，犹俯循庸众之所为，乃以今之庸众而欲易圣哲之所建，岂不悖乎！车之不前也，马不力也，不策马而策车，何益？法之不行也，人不力也，不议人而议法，何益？

下流壅则上溢，上源窒则下枯，决其壅疏其窒而法行矣。今之为法壅者其病有四，愚请颂言而毋讳，可乎？夫天下之治始乎严常卒乎弛，而人之情始乎备常卒乎怠，今固已怠矣。干盅之道如塞漏舟，而令且泄泄然以为毋扰耳。一令下，曰何烦苛也；一事兴，曰何操切也。相与务为无所事事之老成，而崇尚夫坐啸昼诺之惇大，以此求理，不亦难乎！此病在积习者，一也。

天下之势，上常重而下常轻，则运之为易。今法之所行，常在于卑寡；势之所阻，常在于众强。下挟其众而威乎上，上恐见议而畏乎下，陵替之风渐成，指臂之势难使，此病在纪纲者，二也。

夫多指乱视，多言乱听，言贵定也，今或一事未建而论者盈庭，一利未兴而议者踵至，是以任事者多却顾之虞，而善宦者工遁藏之术，此病在议论者，三也。

夫屡省考成，所以兴事也。故采其名必稽其实，作于始

129

必考其终，则人无隐衷而事可底绩。今一制之立，若曰著为令矣，曾不崇朝而遽闻停罢；一令之施，若曰布海内矣，而畿辅之内且格不行。利害不究其归，而赏罚莫必其后，此病在名实者，四也。

四者之弊，熟于人之耳目而入于人之心志非一日矣。今不祛四者之弊以决其壅疏其窒，而欲法之行，虽日更制而月易令何益乎！

夫汉宣帝综覈之主也，然考其当时所行，则固未常新一令、创一制，惟日取其祖宗之法修饬而振举之。如曰汉家自有制度耳，且其所任魏相最为称上意者，亦未尝以己意有所论建，惟条奏汉家故事及名臣贾谊、晁错等言耳。当其时，虽五日一视事，而上下相维，无苟且之意。吏不奉宣诏书则有责，上计簿徒具文则有责，三公不察吏治则有责。其所以振刷综理者，皆未尝少越于旧法之外。惟其实事求是而不采虚声，信赏必罚而真伪无眩，是以当时吏称其职，民安其业，政事文学法理之士咸精其能，下至技巧工匠后世鲜及。故崔寔称其优于孝文，而仲长统极其叹服。荀悦论美元帝，而李德裕深以为非，良不诬矣。

然则今之欲求治理者，又奚以纷纷多事为哉！高皇帝毕智竭虑，以定一代之制，非如汉祖之日不暇给也。列圣相承，创守一道，非有武帝之纷更中变也。百官承式，海内向风，非有许史、霍氏之专制挠法也。成宪具存，旧章森列，明君贤臣相与实图之而已。毋不事事，毋泰多事，祛积习以作颓靡，振纪纲以正风俗，省议论以定国是，覈名实以行赏罚，则法行如流而事功辐辏矣。若曰此汉事耳，吾当为唐虞、为三代，则荀卿所谓俗儒也。

（《张太岳文集》卷一六）

第六章　贡举考试机构及考官

第一节　解（乡）试考试机构及考官

唐代贡举考官，县级考试，一般由县尉主持。州府考试，一般则由功曹或司功参军主持。如文宗开成二年（八三七），京兆府即由功曹卢宗回主持贡举考试。有时也由属县县尉担任考试官。

宋代州府解试，承五代之制，进士科差本判官考试，如本判官不晓文章，即于诸从事中选差；诸科差录事参军考试，如录事参军不通经义，即于州县官内抡选，本判官监试。真宗之后，改由本州府通判为监试官；有出身的现任幕职州县官为考试官，但不许差知县、县令，以免影响政务。南宋时，有出身人缺，则可差待阙官考校试卷。关于考试官的员额，应举人数不满三百人，差试官二员，每增加五百人，添试官

第六章　贡举考试机构及考官

一员。自宁宗嘉泰元年（一二〇一）起，又命选择一名素有文声名望、为士论所推者为点检官，负责审查试题、详校合格试卷。另外，从仁宗明道二年（一〇三三）起，陆续加差封弥、誊录、对读、监门、巡铺等官。

首都开封府的解试，宋初如诸州之制，皆由通判或推官主持。太宗端拱元年（九八八），因开封府政务繁忙，始由朝廷别差朝官主持。国子监解试，自太宗淳化二年（九九一）起，亦由朝廷别敕差官主持。如至道三年（九九七），命直集贤院李建中、直史馆盛元、太常丞陈尧佐考试开封府举人；直史馆路振、殿中丞杜寿隆考试国子监举人。自真宗咸平元年（九九八）起，又专门差朝官主持开封府、国子监发解官亲戚人的别头试。从大中祥符七年（一〇一四）起，开封府解试又专差官封弥卷首。其他誊录、对读、监门、巡铺等官同诸州之制。南宋时，国子监发解官分为监试官、考试官、点检试卷官。如绍兴十四年（一一四四），差右正言何若充国子监发解监试官，秘书少监游操等三人充考试官，详定一司敕令所删定官骆庭芝等六人为点检试卷官。

仁宗景祐（一〇三四——一〇三八）之后，诸路漕试，由转运司选派考试官，其制略如诸州解试。

从上述可知，宋代解试官从分工上看逐步更加细密，其

133

考试官最后分为监试、考试、点检三个层次；事务官有封弥、誊录、对读、监门、巡铺等，相当齐备。从人员上看，随着举人的增加，也逐渐增多。如孝宗淳熙十三年（一一八六），福州解试，应举者不下一万五千人，因而仅考试官就多达十三人。

金代府试设考试官、同考试官以及弥封、誊录、检搜怀挟、监押、门官等。

元代于十一行省、二宣慰司、四直隶省部路分举行乡试，由行台及廉访司与台宪官一同商议选差试官。在内差监察御史、在外差廉访司官一员为监试官；每处差考试官、同考试官各一员，于现任及在闲有德望、文学常选官内选差；封弥官一员、誊录官一员，选廉干文资正官担任。

明代乡试设正、副主考官各一人。初制，南、北二京乡试主考皆用翰林；而各省考官，先期于儒官、儒士内，聘请明经公正者担任。景泰三年（一四五二），令布政使司、按察使司同巡按御史推举现任教官担任。嘉靖七年（一五二八），改遣京官或进士前往各省主试；万历十一年（一五八三）之后，则派遣编修、检讨或科部官主持各省乡试。主考官的职责是：出题，审定试卷，决定去取高下，并负责将取中的举人奏报中央。又设同考官四人，两京由京官充任，各

第六章　贡举考试机构及考官

省初由地方官充任，嘉靖四十三年（一五六四）之后，则兼用京官与各地教官。其主要职责是：协助主考官分房阅卷，故又称房师、房官。另外，还有提调官一人，监试官一人，供给官一人，收掌试卷官一人，弥封官一人，誊录官一人，对读官四人，受卷官二人，巡绰、监门、搜检怀挟官四人等。主考、同考等称内帘官，提调、监试、弥封、誊录等称外帘官。

清承明制，乡试亦设正、副主考官。清初，顺天府及各省差正、副主考各一人；乾隆（一七三六——七九五）中叶增为正一、副二，共三人；同治年间（一八六二——八七四），更增为正一、副三，共四人。顺治年间（一六四四——六六一），顺天、江南府正、副主考，及浙江、江西、湖广、福建省正主考，差翰林官八员；其他省分用给事中、光禄寺少卿、六部司官、行人、中书、评事，某官差往某省，皆有规定。康熙三年（一六六四），废定差之制。雍正三年（一七二五）规定，主考官须从翰林及有进士出身的部院官中经过考试选派。此后，顺天府主考官用一、二品大员，各省主考用侍郎、阁学、翰詹科道及编修、检讨官不等。主考官之下有同考官，顺天府一般由礼部会同吏部选差有科甲出身之京官，由皇帝钦定；各省由监临选差本省有进士、举人出身的地方官。顺天府同考官初为二十人，嗣后定为十八人，其他各省逐科多少不一。同治年间（一八六二——八七四）始有定额，从江南至贵州，分别定为十八人至八人不等。

除主考、同考官外，主要还有监临、监试、提调官。监临负责纠察关防，总管考场事务，例派大员担任。顺天府乡试由皇帝选派监临二人，满、汉各一，汉监临照例由顺天府尹担任，满监临选派二、三品官担任。各省监临一人，初由巡按御史担任，康熙二年（一六六三）裁巡按，例由本省巡抚担任，巡抚有事，可奏请学政为监临，或委托布政使代办，唯有福建、甘肃、四川以总督为监临。提调、监试官，顺天府由府丞及满汉御史分任；各省初以布政使、按察使分任，以道员为其副贰，雍正七年（一七二九）起，均改为由道员充任。此外，还有内收掌、外收掌、受卷官、弥封官、誊录官、对读官、巡绰官、搜检官、供给官、医官等。

清代乡试考官最为完备。按其职责及在贡院办事的处所不同，亦分为内帘官、外帘官。贡院中有至公堂，其后有门，以帘隔之，在帘内办事者为内帘官，包括有主考、同考、内提调、内监试、内收掌等，主要职责为出题、阅卷；在帘外办事者为外帘官，包括有监临、外提调、外监试、外收掌、受卷、弥封、誊录、对读等，主要负责管理考场的各项事务。内、外帘官不相往来，有事则在内帘门问答授受。

第二节 省（会）试考试机构及考官

唐代省试，初由吏部考功司主管，以考功员外郎知贡举，有时派他官同知贡举。如高宗龙朔年间（六六一——六六三），敕以右史董思恭与考功员外郎权原崇同知贡举。至玄宗开元二十四年（七三六），因参加贡举的士人日益增多，权门贵盛的嘱请日益频繁，下第举人率多喧讼，考功员外郎位轻，已经难以应付这种局面，于是以考功员外郎李昂为举人所讼为契机，改由礼部主管贡举。礼部由侍郎一人专掌其事，称为知贡举；另外也经常派中书舍人、各部侍郎等诸司四品清资官掌贡举，称为权知贡举。

贡举由吏部改归礼部之后，有关贡举的事务统归贡院，并设立专门的印信，作为权力的凭据；贡院事务往往不是上呈礼部，而是呈报中书门下，礼部贡院实际上成为中书门下的一个直属机构。另外知贡举的品阶由从六品上升到正四品下阶。这样，不但使考试机关同铨选机关完全分开来，而且大大提高了考试机关的地位，也就是说提高了贡举考试的地位。

宋承唐及五代之制，亦由礼部贡院掌管省试的有关事务。设知贡举一人，主持省试，负责出题、阅卷，决定省试合格举人的去取高下，临时由皇帝派遣翰林学士、知制诰、中书舍人及六部尚书等官担任。知贡举不再是一个人固定的职务，而是一个临时性的差遣。从太祖开宝八年（九七五）开始，又选派六部侍郎、给事中、台谏官等为同知贡举。同知贡举一般为二至三人，有时为一人或四五人，偶尔也有多达八、九人者。宁宗嘉定十三年（一二二〇），又置监试一人，专门纠察考试官吏的勤惰与作弊，以台谏官担任之。

省试还设有点检试卷官，约二十人，分别考校举人试卷，批定分数，初定等第；在知贡举决定合格之后，再检查试卷中有无杂犯，又设参详官（又称覆考官）约八人，详定等第。以上为进士试卷阅卷官。另外，北宋时，还设有专门评阅诸科试卷的诸科出义官、考试官、覆考官。省试别试所另有考试官及点检试卷官。

以上为负责出题、阅卷的官员，又称为内帘官。此外，还陆续设有编排试卷官、封弥官、誊录官、对读官、监门官、巡铺官等，称为外帘官。宋初，编排官必兼详定，真宗天禧三年（一〇一九），始分为二。编排官一般选派翰林学士、六部员外郎等担任，主管编排举人试卷字号与合格举人名次等。省试封弥别命官始于真宗景德四年（一〇〇七）；誊录别命官则始于真宗大中祥符八年（一〇一五）。监门、巡铺官则始于太宗雍熙二年（九八五）。《宋会要辑稿·选举》三之五载："雍熙二年正月二十四日，……又诏礼部贡院，应九经诸科举人，并令参杂引试，人帖科目字号，间隔就坐，稀次设席。轮差官二人在省门监守，分差官于廊下察视，勿容朋比私相教授。犯者，永不得赴举。"宋高承《事物纪原》认为，此即省试监门、巡铺设官之始。

宋代省试设官分职比唐代要完备、细密得多。如神宗熙宁九年（一〇七六），以翰林学士、权御史中丞邓绾权知贡举；知制诰邓润甫，集贤校理、同修起居注、直舍人院蒲宗孟二人并权同知贡举。集贤校理、同管勾国子监黄履，国子监直讲龚原、彭汝砺，秘书丞周谌四人为参详官；职方郎中巩彦辅，屯田郎中王克存二人监贡院门；御史台推直官许仪，秘阁校理陈睦，馆阁校勘虞太熙三人为封弥官；国子监直讲周常、上官均、叶涛、叶唐懿、曹确，都提举市易司勾当公事欧阳成，秘书丞叶谊，审官东院主簿陆佃，武学教授文涣，国子监丞王白，睦州青溪县令李如曛，前杭州司法许彦，太学正赵睿，前安州安睦县主簿王迪，殿中丞张须，颍川郡王院太学教授王汝翼十六人为点检试卷官；祠部员外郎胡援，屯田员外郎李山甫，监国子监书库常谔臣，光禄寺丞刘赉四人为诸科出议官；屯田郎中虞肇，刑部详覆官阳希言，刑部详议官周孝恭，大理寺详断官盖士安，著作佐郎陈龙辅，三司检法官王振六人为考试官，都官郎中万公仪，秘书丞安宗奭，度支主簿彭年，太常寺主簿杨杰四人为覆考官。以太子中允、崇政殿说书沈季长，著作佐郎余中二人考试知举官亲戚举人。共计四十四人。这对于防止作弊及选拔人才显然是有益的。

元承宋制，会试设知贡举、同知贡举各一员，由都省选派平章政事、参知政事、礼部尚书、侍郎、学士等担任；设考试官四员，以翰林国史院学士、待制、国子博士、秘书少监等担任，公同考校试卷。又有弥封、誊录、对读、监门等官各一员。此外，还有监察御史二员，专门负责监试。

明代会试考官略同乡试，而官员的品阶要高一些。会试有主考（亦称为考试官）二人，以殿阁学士充之，负责出题、阅卷等。明初，同考官八人，其中三人用翰林，五人用学官。景泰五年（一四五四）之后，俱用翰林、部曹及六科官，且人数大为增加，以分房评阅试卷。如正德六年（一五一一），同考官为十七人，其中翰林十一人，科、部各三人。

第六章　贡举考试机构及考官

至嘉靖四十四年（一五六五），增为二十人，其中翰林十二人，科、部各四人。以上为内帘官。

另设提调一人，以京官充任，掌管考场事务；监试二人，以御史充任。此外，还有弥封、誊录、对读、受卷、巡绰、监门、搜检怀挟等官。以上为外帘官。

清代会试考官，有正、副考试官，又称总裁，清初为四人或六人。后改为二、三人或四、五人，以阁部大员充任。咸丰（一八五一——一八六一）之后，定制为四人，一正三副，以进士出身的大学士及尚书以下、副都御史以上的官员担任。有会试同考官十八人，初于翰林官及六科中选派，乾隆以后，专以翰林院编修、检讨和进士出身的京官充任。

清代会试也设有监临官。值得注意的是，还设有知贡举，满汉各一人，以礼部侍郎充任。但与唐宋的知贡举不同，清代知贡举不负责出题、阅卷，而只是总管考场的事务。另有正、副提调官各一人，由礼部司官充任；监试官十二人（满、汉各六人），以科道官充任。此外，还有内收掌二人，外收掌一人，受卷官八人，弥封、誊录、对读官各四人，以各衙门进士及举人出身的官员充任。其他略如顺天府乡试之制。

省（会）试考官的设置，也是在宋代逐步完备的。元、明、清各代管理考场事务的外帘官方面有所加强，如增加了

141

监临、提调等官；而在负责出题、阅卷的内帘官方面反而有所削弱，如宋代有知贡举、同知贡举、参详官、点检试卷官，明、清只有正、副考试官与同考官。

第三节　殿试考试机构及考官

宋代殿试系皇帝亲试，其主考官名义上由皇帝担任。实际上，皇帝也往往参与殿试的许多事务。如选定试题，临轩策士，视察督促试卷考校，审定状元等上十名的名次，以及临轩唱名赐第等。但考校试卷等具体事务，则临时选派官员办理。太祖、太宗朝仅有考官数人。真宗咸平三年（一〇〇〇），增至考官十人、覆考官十人、封印卷首官二人。大中祥符二年（一〇〇九），增设编排试卷官二人。天禧三年（一〇一九），增设参详官二人。仁宗天圣五年（一〇二七），又增设誊录官。景祐五年（一〇三八），别置点检官三、五人。至此，殿试考官的设置基本完备，直到南宋末，大体相沿不改。如据赵抃《御试官日记》等史籍记载。仁宗嘉祐六年（一〇六一），殿试机构有编排所、封弥所、考校所、覆考所、详定所等；殿试官有编排官三人、封弥官二人、对读官六人、出义官三人、点检官共四人、初考经学官三人、覆

第六章 贡举考试机构及考官

考经学官三人、进士初考官四人、进士覆考官四人、详定官共五人，共计三十七人。又据《宝祐四年登科录》，理宗宝祐四年（一二五六）殿试官有详定官三人、编排官二人、初考官三人、添差初考官三人、覆考官三人、添差覆考官四人、初考检点试卷官一人、覆考检点试卷官一人、对读官五人、封弥官二人、巡铺官二人，共二十九人。这些殿试官，均为文学之士，如翰林学士承旨、馆阁学士及省寺官等，皆一时之选。另外，有关殿试的日常事务，则由御药院负责。

辽、金殿试，设读卷官。如金代御试读卷官，策论、词赋进士各七员，经义进士五员。金代御试还设有监试官。其他职事官各二员。

元代殿试，设读卷官二员，监试官二员，以翰林学士、平章政事、六部尚书等官充任。另外，还有诸执事官，大概如弥封、誊录、对读官等。

明代殿试官承元制，设有读卷官。以内阁官及六部、都察院、通政司、大理寺正官，詹事府、翰林院堂上官充任；又以礼部尚书、侍郎为提调官，以监察御史二员为监试官。另外，有受卷官、弥封官、掌卷官，及巡绰、印卷、供给等执事官。明代殿试试卷不誊录，故无誊录、对读官。

清承明制，殿试设读卷官，顺治、康熙时为十四人，雍

143

正时为十二人，乾隆二十五年（一七六〇）减为八人，由大学士二人，进士出身的六部尚书、侍郎、左都御史、左副都御史、内阁学士六人担任，遂为定制。关于殿试执争各官，也颇为严格。如派王大臣监试，并遣御史四人监试。其他执事官还有提调及弥封、受卷、收掌、印卷、巡绰、供给等官，只是没有誊录、对读官。其具体情况，略同乡、会试，不再一一详述。

第七章　贡举及第与授官

第一节　贡举及第

一、唐代贡举及第

唐代贡举解试、省试合格，方为及第。其解试录取标准及合格人数，史载不详。《唐六典》卷三十载："凡贡人，上州岁贡三人，中州二人，下州一人。若有茂才异等，亦不抑以常数。"这大概是唐初之制，此后不久即大为增多。据《唐摭言》卷一载："贞观、永徽（六二七—六五五）之际，……以至岁贡常不减八、九百人。""景云（七一〇—七一一）之前，乡贡岁二三千人。"解试合格，州府长吏给予解状，贡送尚书省，故解试第一人称"解头"，京兆府解送，以上十人谓之"等第"。

唐代省试，太宗（六二七—六四九）、高宗（六五〇—

六八三）及玄宗开元（七一三—七四一）年间，一般由知贡举按照考试成绩进行录取。天宝元年（七四二）创立省卷制度，则以试卷与省卷的优劣决定去取。武则天及唐朝后期，请托之风盛行，并实行"通榜帖"制度，往往聘请名士参谋录取，于是变成以考试成绩与推荐相结合决定举人的去取高下。唐朝后期，还逐步形成一种向宰相呈榜的制度，即知贡举放榜之前要向宰相呈送及第人姓名，宰相直接对录取进行干预。而皇帝对录取的直接干预也屡见不鲜。关于省试及第人数，没有统一的规定。如贞元十八年（八〇二）五月敕云："明经、进士，自今以后，每年考试所收人，明经不得过一百人，进士不得过二十人。如无其人，不必要满此数。"（《册府元龟》卷六四〇）《册府元龟》卷六四一又载："［大和］九年（八三五）十二月，中书门下奏：'……进士元格不得过二十五人，今请加至四十人；明经元格不得过一百一十人，今请减十人。……'可之。"开成二年（八三七），又从礼部奏请"每年进士以三十人为限"（同上）。由此看来，进士及第者每榜约为三十人，明经及第者每榜约为一百人。据《文献通考》及《登科记考》统计，有唐二百九十年间，共开科取士二百六十六榜，共取进士六千六百零三人，平均每榜二十五人，大概较为接近实际登科人数。

第七章 贡举及第与授官

　　录取确定之后，即将及第进士姓名张榜公布，谓之"放榜"。第一名列在最前面，故称之为"状头"或"榜头""榜元"，即唐末五代人王定保所称之"状元"。放榜的地点在礼部南院东墙，时间为当日凌晨。榜头立粘四张黄纸，以毡笔淡墨书写"礼部贡院"四字，及第进士姓名则用浓墨书写，二者相映成趣。《唐摭言》卷十五《杂记》言放榜事甚详："进士旧例于都省考试，南院放榜（原注：南院，乃礼部主事受领文书于此。凡版样及诸色条流，多于此列之），张榜墙乃南院东墙也。别筑起一堵，高丈余，外有壖垣。未辨色，即自北院将榜就南院张挂之。元和六年，为监生郭东里决破棘篱（原注：篱在垣墙之下，南院正门外亦有之），圻裂文榜，因之后来多以虚榜自省门而出，正榜张亦稍晚。"进士放榜在春天，故又称"春榜"，大概由榜头竖粘四张黄纸，故又多称为"金榜"。如何抆大和九年（八三五）进士及第，次年博学宏词登科，因以一绝寄旧同年云："金榜题名墨尚新，今年依旧去年春。花间每被红妆问：何事重来只一人？"（《唐摭言》卷三）

　　唐朝后期，除放榜外，知贡举还签发榜帖，通知及第进士的家属。南宋人赵彦卫《云麓漫钞》卷二云："国初循唐制，进士登第者，主文以黄花笺长五寸许，阔半之，书其姓名，花押其下，护以大帖，又书姓名于帖面，而谓之榜帖。当时称为金花帖子。"这种榜帖有点类似于现代的录取通知书。

二、宋代贡举及第

宋代解试考试成绩合格，即由州府长吏举送礼部参加省试。关于解试合格名额即解额，初无定数，太宗时期每举约为一万人，淳化元年（九九〇）曾达到两万人之多。真宗大中祥符二年（一〇〇九），始"限岁贡之常数"。"令礼部于五年最多数中，特解及五分"（《宋会要辑稿·选举》一四之二〇）。具体数字史载未详，据推算，约六七千人。治平三年（一〇六六）改三岁贡举之后，每举解额约为五六千人。

宋代解试合格者称为得解举人，即得到解送礼部省试资格的应举人，其第一名称"解元"。

宋承五代后唐之制，对于某些应举人可以免于参加解试，而直接参加省试，称作"免解"。如太祖开宝八年（九七五），"诏贡士之下第者，特免将来请解，许直诣贡部"（《长编》卷一六）。太宗兴国八年（九八三），即废此制。真宗"咸平二年（九九九）六月丙戌，诏贡举应三举人，并免取解"（《燕翼诒谋录》卷一）。后又规定进士三举、诸科五举

第七章 贡举及第与授官

已上如予免解。此外，对边远地区的举人、太学的某些生员及因战功、大赦也可特恩予以免解。免解举人多时，一举可达上千人。

省试合格，即由知举官奏名皇帝，参加殿试。宋初，省试合格奏名人数亦无常额，大约为省试举人的十分之一。至仁宗天圣五年（一○二七）正月，始诏"进士奏名勿过五百人。诸科勿过千人"（《长编》卷一○五）。皇祐五年（一○五三）诏"进士限四百人，诸科毋得过其数"（《长编》卷一八二）。治平三年（一○六六）改三岁一贡举，则规定："礼部奏名进士以三百人为额；明经、诸科不得过进士之数。"（《长编》卷二○八）至北宋灭亡，七十多年间，迄未改变。南宋建炎元年（一一二七），宋室刚刚再建，道路梗阻，无法赴行在所省试，遂暂于诸路类省试，其省额改为凡正解、免解举人类省试终场者，以十四人取一名，余分不及十四人亦取一名。孝宗隆兴元年（一一六三），由于免解人多，改以十七人取一名，自后遂为定制。省试合格奏名者称为过省举人，其第一名称为"省元"。

宋代称省试合格奏名举人为正奏名，此外，还设有特奏名。《宋史·选举志》云："凡士贡于乡而屡绌于礼部，或廷试所不录者，积前后举数，参其年而差等之，遇亲策士则别籍其名以奏，径许附试，故曰特奏名。"这就是说，所谓特奏名，就是凡解试合格而省试或殿试落第的举人，积累到一定的举数和年龄，不经解试、省试，即由礼部特予奏名，直接参加殿试，分别等第，并赐出身或官衔的一种科举制度。此制始于太祖开宝三年（九七〇），确立于真宗咸平三年（一〇〇〇）。到仁宗景祐元年（一〇三四）以后，每开科场，均有特奏名，成为定制。特奏名有两个主要条件：一为"举数"，即被州府举送参加省试或殿试的次数；二为"年甲"，即年龄。北宋前期，一般是曾经省试进士五举或六举、诸科七举或八举，年龄在五十以上，特予奏名。北宋中期，一般是曾经殿试进士三举、诸科五举年五十以上，曾经省试进士五举年五十、诸科六举年六十以上，特予奏名。北宋后期，一般是"进士五举、诸科六举曾经御试下，进士六举、诸科七举省试下，年五十以上；进士七举、诸科八举曾经御试下，进士九举、诸科十举省试下，年四十以上"，许特奏名（《宋会要辑稿·选举》三之四六）。南宋时期，"进士六举曾经御试、八举曾经省试，并年四十以上；进士四举曾经御试、五举曾经省试，并年五十以上"，特许奏名（同上书四之二〇）。北宋后期较严，而南宋时期较宽。

宋代殿试，以考试成绩决定等第。惟进士前十名奏请皇

第七章　贡举及第与授官

帝最后确定。进士自太宗太平兴国八年（九八三）始分为三甲（等），淳化三年（九九二）后，则一般分为五甲（等）。北宋前期，第一、二、三甲赐进士及第，第四甲赐进士出身，第五甲赐同进士出身。也有分为四等或六等者。诸科亦初分为三等，后分为五等，自九经以下，分别赐及第、本科出身、同出身。北宋后期及南宋，进士一般第一、二甲赐进士及第，第三、四甲赐进士出身，第五甲赐同进士出身。北宋时，进士殿试第一人称状元，或称榜首、状头，第二人称榜眼，年最少者为探花。至南宋后期，始称"第一名状元及第，第二名榜眼，第三名探花"（《梦梁录》卷三）。也有将前三名均称为状元者。关于宋代贡举登科人数，据统计与推算，正奏名进士约为四万三千人，正奏名诸科约为一万七千人，二者共约六万人。平均每年录取约为一百八十八人。

　　凡特奏名者，不论殿试成绩如何，均赐予一定的出身或官衔。在太祖、太宗朝，尚未分等第，均赐本科出身。真宗、仁宗朝，一般分为三等，赐本科出身、试将作监主簿、诸州长史、文学、助教。英、神、哲、徽四朝，一般分为五等，第一等赐同本科出身、假承务郎（登仕郎），第二等京府助教，第三等上州文学，第四等下州文学，第五等诸州助教。南宋时，仍分为五等，一般第一等第一名赐同进士出身，第

151

二、三名赐同学究出身,第一等第四名以下赐登仕郎,第二等京府助教(将仕郎),第三、四、五等同英、神、哲、徽朝。关于特奏名登科人数,据统计与推算,约为五万人,平均每年录取约为一百五十六人。这样,两宋共取士约十一万人,而特奏名竟占45%!

殿试试卷考校完毕之后,即唱名赐第。唱名又称"传胪",是殿试赐第的一种仪式。此制始于太宗雍熙二年(九八五)。唱名一般从试卷考校完毕的次日开始,分两日举行。第一日,正奏名并应举宗子等;第二日,特奏名并武举、取应宗子。北宋前期,也有分三日者:第一日,正奏名进士;第二日,正奏名诸科;第三日,特奏名进士、诸科。而嘉祐年间及南宋初,因取士人数较少,则合为一日。唱名日,皇帝御崇政殿(神宗后改为集英殿),殿试官、省试官及宰臣、馆职等入殿侍立,举人则于殿门外等候。两宋之交的叶梦得说:"故事,殿试唱名,编排官以试卷列御座之西,对号以次拆封,转送中书侍郎,即与宰相对展进呈,以姓名呼之。军头司立殿陛下,以次传唱。"(《石林燕语》卷八)被宣名传唱举人应之,遂给敕赐第。杨万里《四月十七日侍立集英殿观进士唱名》诗云:"殿上胪传第一声,殿前拭目万人惊。名登龙虎黄金榜,人在烟霄白玉京。"可见其仪式甚为隆重。

真宗之后，唱名赐第之日，即释褐赐绿袍、笏。唱名毕，即由朝廷派导从送入期集所，表示已经脱离平民，步入了仕途。

三、辽、金、元贡举及第

辽、金略同唐、宋之制。如辽亦实行唱名赐第。《辽史·礼志》载："进士赐等甲敕仪：臣僚起居毕，读卷官奏讫，于左方依等甲唱名序立，阁使交收敕牒。阁使奏引至丹墀，依等甲序立。阁使称'有敕'，再拜，鞠躬。舍人宣敕：'各依等甲赐卿敕牒一道，想宜知悉。'揖拜。各跪左膝，受敕讫，鞠躬，皆再拜。各祗侯，分引左右相向侍立。侯奏事毕，引两阶上殿，就位，齐声喏。赐坐。酒三行，起，声喏如初，退揖出，礼毕。牌印郎君行酒，阁使劝饮。"又如，金代殿试分上、中、下三甲，而且亦有特奏名，即"恩榜"。《金史·选举志》载："恩榜本以优老于场屋者""五举终场、年四十五以上，四举终场、年五十以上者受恩。""所试文卷惟犯御名庙讳、不成文理者则黜之，余并以文之优劣为次。"

元代科举均以考试成绩决定弃取高下。乡试录取有定额，据《元史·选举志》载："天下选合格者三百人赴会试……蒙古人取合格者七十五人：大都十五人，上都六人，河东五人，真定等五人，东平等五人，山东四人，辽阳五人，河南五人，陕西五人，甘肃三人，岭北三人，江浙五人，江西三人，湖广三人，四川一人，云南一人，征东一人。色目人取合格者七十五人：大都十人，上都四人，河东四人，东平等四人，山东五人，真定等五人，河南五人，四川三人，甘肃二人，陕西三人，岭北二人，辽阳二人，云南二人，征东一人，湖广七人，江浙一十人，江西六人。汉人取合格者七十五人：大都一十人，上都四人，真定等十一人，东平等九人，山东七人，河东七人，河南九人，四川五人，云南二人，甘肃二人，岭北一人，陕西五人，辽阳二人，征东一人。南人取合格者七十五人：湖广一十八人，江浙二十八人，江西二十二人，河南七人。"会试则从上述三百人中"取中选者一百人，蒙古人、色目人、汉人、南人分卷考试，各二十五人"。

殿试则以策决定高下，分为三甲进奏，分别赐进士及第、进士出身、同进士出身。然后唱名赐第、放榜。元代不同于唐、宋，不是张挂一张榜，而是以蒙古人、色目人为右榜，汉人、南人为左榜，"作二榜，用敕黄纸书，揭于内前红门之左右"（《元史》卷八一《选举志》）。元代不甚重视科举，在将近一个世纪中，共开科取士十六次，共取进士一千一百三十九人。按照定额，每榜可录取一百人，但除元统元年（一三三三）同同、李齐榜外，均不满此数，平均每榜仅七十一人。若按每年取士人数计算，平均还不到十二人。

元代下第举人也有一定恩例，如延祐初年，"下第举人，年七十以上者，与从七品流官致仕；六十以上者，与教授"。泰定元年（一三二四），"蒙古、色目人，年三十以上并两举不第者，与教授；汉人、南人，年五十以上并两举不第者，与教授；以下，与学正、山长"（《元史》卷八一《选举志》一）。但与两宋特奏名不同，元代恩例系临时性措施，未形成制度，而且应受恩例人也不参加殿试。

四、明代贡举及第

明代乡、会、殿试亦以考试成绩决定弃取高下，且一般有一定的名额。《明史·选举志》云："乡试之额，洪武十七年（一三八四）诏不拘额数，从实充贡。洪熙元年（一四二五）始有定额。"洪熙元年的乡试取士额数为："南京国子监并南隶共八十名，北京国子监并北直隶共五十名，江西五十名，浙江、福建各四十五名，湖广、广东各四十名，河南、四川各三十五各，陕西、山西、山东各三十名，广西二十名，云南、交趾各十名，贵州愿试者就试湖广。"《（王圻《续文献通考》卷四五）共计五百五十名。此后曾多次不拘额数，又多次增定额数。如正统二年（一四三七），"令开科不拘额数"；正统五年（一四四〇），又规定："顺天府仍八十名，应天府百名，浙江、福建皆六十名，江西六十五名，河南、广东皆五十名，湖广五十五名，山东、四川皆四十五名，陕西、山东皆四十名，广西三十名，云南二十名"（同上）。共计七百四十名。到景泰四年（一四五三）复定乡试取士额："南北直隶各增三十五名，浙江、江西、福建、河南、湖广、山东各增三十名，广东、四川、陕西、山西、广西各增二十五名，云南增十名。"（同上）共计一一四五名。明代乡试合格者称"举人"，其第一名亦称"解元"。

明代会试录取人数初无定额，后增减不一，一般在三百名左右。正如《明史·选举志》所云："会试之额，国初无定，少至三十二人，其多者，若洪武乙丑（十八年，一三八五）、永乐丙戌（四年，一四〇六）至四百七十二人。其后或百名，或二百名，或二百五十名，或三百五十名。增损不一，皆临期奏请定夺。至成化乙未（十一年，一四七五）而后，率取三百名，有因题请及恩诏而广五十名或百名者，非恒制也。"明初，会试所录取的举人没有地域要求，只以考试成绩为准。太祖洪武三十年（一三九七）春，刘三吾、白信蹈为会试主考官，录取宋琮等五十二人，皆为南方人，引起

第七章　贡举及第与授官

北方举人的不满，太祖朱元璋命官重阅落卷，得文理优长者六十一人，皆为北方人。时人称之"南北榜"或"春秋榜"。仁宗洪熙元年（一四二五），始规定分南、北两地区取人。其年四月庚戌诏曰："科举之士须南北兼取，南人虽善文词，而北人厚重，比累科所选北人仅得什一，非公天下之道。自今科场取士，以十分论，南士取六分，北士取四分。"（《仁宗实录》卷九）宣宗宣德年间（一四二六——一四三五），又以百人为率，南、北各退五名为中卷。即会试录取有南、北、中三地区之分：南卷为55%，北卷为35%，中卷为10%。其南卷地区包括应天及苏、松诸府，浙江、江西、福建、湖广、广东五省；北卷地区包括顺天府及山东、河南、山西、陕西四省；中卷地区包括四川、广西、云南、贵州四省及凤阳、庐州二府，滁、徐、和三州。这是与唐宋及辽金元不相同的。明代会试合格者被称为"贡士"，其第一人称"会元"。

另外，明代会试下第举人，一般经过考试，再录取数十人至数百人，称为"乙榜举人"，又称"副榜"。对副榜举人，或授予学官，或令其赴太学读书。这与元代的恩例有些类似之处。

明代殿试以读卷官详定高下，分为三甲。第一甲三名，第二、三甲各若干名。一甲三名之制大概始于元代。如《新

157

元史·宋本传》载:"(宋本)自任知贡举,取进士满百人额,为读卷官,增第一甲为三人。"明代读卷官确定甲次后,需将第一甲三名试卷向皇帝进读,由皇帝御笔亲定三名的次第。然后退拆第二、三甲试卷,填写黄榜。唱名当天,才由内阁官拆皇帝所定三卷,填写黄榜,再授礼部官。其唱名仪式为:"鸿胪寺设案于(华盖)殿内稍东,置黄榜于上。文武百官各具朝服侍班,诸举人先期赴国子监领进士巾服,至是服之,列班北向。……鸿胪寺官奏请升殿……执事官举榜案至丹墀御道中置定,称'有制',赞礼人皆跪,传制曰:'某年某月某日,策试天下贡士,第一甲赐进士及第,第二甲赐进士出身,第三甲赐同进士出身。'复传第一甲第一名某,传胪序班递唱讫,序班引出班前跪。传第二名、第三名如之。复传第二甲某等几名,第三甲某等几名,并如前,惟不出班。赞礼,诸举人俯伏,乐作,四拜,兴,平身。执事官举榜案由奉天门左门出,乐止。伞盖鼓乐迎导诸举人后从。至长安左门外张挂。顺天府官用伞盖仪从送状元归第。"(王圻《续文献通考》卷四六)第一甲第一名称"状元",第二名称"榜眼",第三名称"探花"。第二、三甲第一名称"传胪"。明代贡举取士人数远远少于宋代,据统计,明代二百七十六年间,共开科八十九榜,取进士二万四千六百二十四名,平均每年录取八十九人。按平均每年录取人数计算，还不到宋代贡举正奏名进士、诸科的二分之一。

五、清代贡举及第

清代贡举亦以考试成绩优劣决定弃取高下，乡、会试取士分地区而有一定的名额。乡试录取名额，根据各省文风的高下、人口的多少、丁赋的轻重不同而多少不一。顺治年间（一六四四——一六六一），定额较宽，顺天一百六十八名，江南一百六十三名，江西一百一十三名，浙江一百零七名，湖广一百零六名，福建一百零五名，河南九十四名，山东九十名，广东八十六名，四川八十四名，山西七十九名，陕西七十九名（包括宁夏两名、甘肃两名），广西六十名，云南五十四名，贵州四十名，共计一千四百二十八名。乾隆九年（一七四四），略有减少，顺天南北皿各三十六名，中皿改二十人取一名，贝字一百零二名，夹、旦字各四名，江南上江四十五名、下江六十九名，浙江、江西皆九十四名，福建八十五名，广东七十二名，河南七十一名，山东六十九名，陕西六十一名，山西、四川皆六十名，云南五十四名，湖北四十八名，湖南、广西皆四十五名，贵州三十六名，共计一千一百九十余名。此后，又略有增加，大概不超过一千五百名。

以上录取人数为正榜。此外,还有副榜。顺治二年(一六四五)始规定:"直省乡试卷,有文理优长、限于额数者,取作副榜,与正榜同发。"(《清朝文献通考》卷四七)副榜初亦有定额,顺天二十名,江南十二名,江西十一名,浙江、福建、湖广各十名,山东、河南各九名,山西、陕西、四川、广东各八名,广西六名,云南五名,贵州四名,共计一百三十八名。康熙十一年(一六七二)议准:"直省乡试,每正榜中额五名,设副榜中额一名。"(《钦定大清会典事例》卷三四八)即每榜共计六七十名。此后成为定制。副榜主要是一种荣誉,若要中举,仍须参加下届乡试。

乡试录取完毕之后,亦张榜公布,俗称"龙虎榜",或称"桂榜"。名列正榜者均称为"举人",其前五名称"五经魁",第一名称"解元",第二名称"亚元"。名列副榜者称为"副贡"。

清代会试录取无定额。顺治三年(一六四六)录取四百名,次年则录取三百名。顺治九年(一六五二),仿明代之制,分南、北、中卷,南卷二百三十四名,北卷一百五十三名,中卷十四名,共四百名。顺治十二年(一六五五),将中卷并入南、北卷。此后中卷屡有分合。至康熙五十一年(一七一二),"以各省取中人数多少不均,边省或致遗漏",

第七章 贡举及第与授官

遂改为"分省取中,按应试人数多寡,钦定中额"(《清史稿》卷一〇八《选举志》三)。大约每三十人录取一名。每省多者取二三十名,少者取十几名以至几名。各科所取人数也不相同,一般为二三百名,雍正八年(一七三〇)庚戌科最多,共录取四百零六名,乾隆五十四年(一七八九)己酉科最少,仅录取了九十六名。会试放榜之前,须将考试官拟取的前十名呈送皇帝钦定名次,但后来不过是一道例行公事的程序罢了。会试榜张挂于礼部门外,因此时正是杏花开放时节,故又称为"杏榜"。会试合格者称为贡士,其第一名亦称"会元"。

会试亦有副榜。清初,中副榜者不参加殿试,由吏部授以官职。康熙三年(一六六四)罢之。自此不附正榜,另出榜曰挑选誊录,定额四十名,备各馆缮写,下次科场仍可参加会试。

殿试唯以时务策的优劣定高下,不再有南、北、中卷或省份之分。读卷官考定名次之后,须将所拟前十名试卷进呈皇帝,由皇帝钦定名次。第一甲三名,均赐进士及第,第一名称为"状元",第二名称为"榜眼",第三名称为"探花"。第二甲若干名,均赐进士出身,其第一名称为"传胪"。第三甲若干名,均赐同进士出身。皇帝亲定进呈十卷之后,即

161

唱名、放榜。清代榜用黄纸，表里两层，亦称为金榜。其榜有二：一为小金榜，交奏事处进存大内；二为大金榜，钤盖"皇帝之宝"，于唱名日张挂。

唱名又称传胪，于太和殿举行，典礼非常隆重。清代末科探花商衍鎏所著《清代科举考试述录》云："清代之制，是日晨，銮仪卫设卤簿法驾于殿前，设中和韶乐于殿檐下，设丹陛大乐于太和门内。礼部、鸿胪寺设黄案，一于殿内东楹，一于丹陛上正中。设云盘于丹陛下，设彩亭、御仗、鼓吹于午门外。王公大臣、侍班各官朝服序立陪位如常仪。新进士朝服、冠三枝九叶顶冠，按名次奇偶序立东西丹墀之末。届时礼部堂官诣乾清门奏请皇帝礼服乘舆，引入太和殿升座。中和韶乐奏《隆平之章》。阶下鸣鞭三。……鸣鞭毕，丹陛大乐奏《庆平之章》，读卷、执事各官北向行三跪九叩礼。大学士进殿奉东案黄榜，出授礼部尚书，陈丹陛正中黄案。丹陛大乐作，鸿胪寺官引新进士就位。宣制曰：'某年月日，策试天下贡士，第一甲赐进士及第，第二甲赐进士出身，第三甲赐同进士出身。'传胪官唱第一甲第一名某人，引出班就御道左跪；第二名某人，引出班就御道右稍后跪；第三名某人，引出班就御道左又稍后跪。每名皆连唱三次。嗣唱第二甲某等若干名，第三甲某等若干名，仅唱一次，不引出班。

唱时以次接传至丹墀下,所以是日称为'传胪'。唱名毕,乐作,大学士至三品以上各官及新进士均行三跪九叩礼。中和韶乐奏《显平之章》。礼成,皇帝乘舆还宫。礼部尚书奉黄榜承以云盘置彩亭内,行礼作乐,校尉举亭,导以黄伞鼓吹,送出太和中门,至东长安门外张挂于长安街,榜张三日后恭缴内阁。诸进士左出昭德门,右出贞度门。一甲三人随榜亭由午门正中而出。"顺天府备仪仗送状元归第。清代二百六十八年间,共开科一百一十二次,取进士二万六千八百八十八名,平均每年取士一百人。按平均每年取士人数计算,虽多于明,但也少于宋,只相当于宋代贡举正奏名人数的53%。

第二节　赐宴、谢恩与期集

贡举考试在唱名赐第之后,新及第的举人还有一系列活动,主要有赐宴、谢恩与期集等。

一、赐宴

唐代贡举礼部放榜、关宴之后,新及第进士凑钱大宴于城东南的曲江,并请教坊派乐队演唱助兴。据《唐摭言》卷三《散序》云:"曲江之宴,行市罗列,长安几于半空。公卿家率以其日拣选东床,车马填塞,莫可弹述。"甚至连皇帝也"御紫云楼,垂帘观焉"。五代时多宴于佛舍名园,但这是新及第进士凑钱由民间举办的。后唐天成二年(九二七)十二月敕:"新及第进士有闻喜宴,今后逐年赐钱四百贯。"(《五代会要》卷二二《进士》)后周显德中(九五四一九五九),才由官为主之。宋太祖开宝六年(九七三)创立殿试制度,"赐(宋)准钱二十万,以张宴会"(《长编》卷一四)。正式赐宴则始于太宗太平兴国二年(九七七)。是年殿试,得吕蒙正以下,皆"赐宴开宝寺。……上命中使典领,供帐甚盛"(《长编》卷一八)。兴国八年(九八三),赐新及第进士宴于琼林苑,自是遂为定制。南宋时,则赐闻喜宴于礼部贡院。《宋史》卷一一四《礼志》载有政和年间所定闻喜宴的新仪甚详。一般由近上内臣或知举官押宴,翰林学士、龙图阁直学士、直史馆以上皆赴,是日皇帝赐新及第进士御制诗一首或御书《大学》《儒行》《益稷》《旅獒》等一篇,并赐花一枝。

元代则改称为"恩荣宴",赐宴地点为翰林国史院。明代则于唱名赐第的第二日赐恩荣宴于礼部,命大臣一员侍宴,读卷、执事等官皆预。进士并各官皆簪恩荣牌花一枝,教坊司承应奏乐。清承明制，亦于唱名次日赐恩荣宴于礼部。钦命内大臣一人为主席，读卷官、銮仪卫使、礼部尚书、侍郎，以及受卷、弥封、收掌等官皆预宴。主席大臣以下每员一席，受卷官以下二员一席，状元一席，榜眼、探花一席，其余进士四人一席。主席大臣各官集金水桥，诸进士集礼部。席备，光禄寺官请赴宴，排班赞拜如仪。仪制司官请簪花，精膳司官视席，和声署作乐，序班引诸进士拜主席以下各官。光禄寺官捧壶注酒，先献主席三爵，及各就座，行酒供膳，和声署升歌《启天门之章》。宴毕，谢恩而退。清初恩荣宴甚盛大，席用银盘，菜品食物四十余种，极天厨之馔；清末则粗瓷竹箸，形式极为简陋。

二、谢恩

唐代进士放榜后，须先谒见宰相。其日，新及第进士随座主至中书省，宰相站立于都堂门内。堂吏通报："礼部某姓侍郎，领新及第进士见相公。"状元乃出列致词云："今月日，礼部放榜，某等幸忝成名，获在相公陶铸之下，不任感惧。"（《唐摭言》卷三）然后自状元以下，一一通报姓名。参见宰相是在中书省都堂举行的，因此也称"过堂"。过堂后，新及第进士还要向知贡举官谢恩。谢恩一般在知贡举官府宅举行，也有在贡院或都省举行的。第一次谢恩后数日还要曲谢，以确立和加深座主与门生的关系。

宋代为了防止知举官与及第举人结为朋党，明令禁止及第举人向知举官谢恩。太祖建隆三年（九六二）九月一日，诏曰："国家悬科取士，为官择人，既擢第于公朝，宁谢恩于私室？将惩薄俗，宜举明文。今后及第举人不得辄拜知举官……如违，御史台弹奏。……兼不得呼春官为恩门、师门，亦不得自称门生。"（《宋会要辑稿·选举》三之一至二）因此，宋代新及第举人不向宰相、知举官谢恩，而是诣阁门向皇帝谢恩，称作"朝谢"。按照惯例，既赐第，诣阁门谢恩，需进谢恩银百两。神宗熙宁六年（一〇七三）四月，乃诏入谢免进银。朝谢由状元率诸及第进士上表谢恩。

元承宋制，唱名赐第后，"择日恭诣殿廷，上谢恩表"（《元史·选举志》）。明代唱名、赐宴后，状元亦率诸进士上表谢恩。其仪如下："先期，鸿胪寺设表案于奉天殿门之东。至日，锦衣卫设卤簿，上具皮弁服御华盖殿。执事官行叩头礼毕，鸿胪寺官请升殿。乐作，导驾官导引如常仪。升座，乐止。鸣鞭。文武官行礼侍班如常仪。鸿胪寺官引状元及进士入班，赞四拜，兴，平身。赞进表，鸿胪寺官举表案于殿中。赞宣表，宣讫，俯伏，兴，撤案。状元及进士又四拜，兴，平身。礼毕。"（王圻《续文献通考》卷四六）清承明制，于唱名后第四天由状元率诸进士赴太和殿上表谢恩。清朝后期，皇帝多不升殿，礼仪也比前较为简单。

三、期集

唱名赐第之后，新及第举人聚集在一起，举行各种活动，称为"期集"。唐代谢恩后方入期集院。期集院一般在知举官住宅附近，临时由团司代为租用，供帐甚为豪华。大凡敕下之前，每日期集，其间要两度诣知举官之门参谒。另外还要举行曲江游宴、杏花宴、闻喜宴以及雁塔题名等活动。其经费由新及第进士分摊。

宋代及第举人唱名赐第的当天即赴期集所。其期集所又称状元局，北宋时一般在大平兴国寺或大相国寺，南宋时则在礼部贡院。由状元等前三人主持，选差同年分任纠弹、笺表、主管题名小录、掌仪、掌计、典客、掌酒果、掌膳、掌器、司门等职事官，亦称为"团司"，少则数十人，多则上百人。其费用，北宋前期由新及第举人按名次高下凑集，其贫而名次高者往往借贷于人。神宗熙宁六年（一〇七三）三月，诏赐新及第进士钱三千缗、诸科七百缗，为期集费。熙宁九年（一〇七六）三月，练亨甫奏罢期集钱，止赐钱造

《小录》，新及第进士五百千，诸科二百千，而游宴之费仍由及第举人凑集。徽宗重和元年（一一一八），"准令赐钱一千五百贯文"，为期集费，此后以至南宋，遂为定制，偶尔添赐五百或七百贯文。

宋代期集的主要活动，除上述的"朝谢"及参加闻喜宴（琼林宴）之外，还有四项活动。其一是谒先圣先师。先圣指孔子，先师指兖国公颜回、邹国公孟轲。其仪式一般在国子监举行，用释菜礼。其二是拜黄甲叙同年。此仪式一般在礼部贡院举行。"其仪，三名设褥于堂上，东西相向，同年四十已上立于东廊，四十已下立于西廊，皆再拜。拜已，择榜中年长者一人，状元拜之；复择最少者一人，拜状元。"（《建炎以来朝野杂记》甲集卷一三《新进士期集》）其三是立题名碑石于礼部贡院。其四是造《同年小录》，亦称"登科录"。现存有《绍兴十八年同年小录》《宝祐四年登科录》以及《咸淳七年同年小录》的摘要，可知同年小录的主要内容一般包括科诏、省试考官、场次、殿试考官、御试策题、唱名、期集，以及新及第举人名录，详列殿试名次、姓名、字、排行、年龄、生日、母姓氏、治何经、举数、兄弟人数、妻姓氏、三代名讳、籍贯等。

元代期集与宋代略同，除恭诣殿廷上谢恩表及参加恩荣

第七章 贡举及第与授官

宴外，也要诣先圣庙行舍菜礼，刻石题名于国子监，以及造同年小录等。宋代的题名碑已不复存在，现存最早的是，立于北京孔庙中的三座元代进士题名碑。另外，元代也有一份进士登科录传世。

明代期集除谢恩、赐宴外，有状元率诸进士诣国子监谒先师孔子庙，行释菜礼；于国子监立石题名，以及造登科录等。关于明代的进士题名碑，现存于北京孔庙者有七十七座；另外，北京图书馆现藏有明代进士登科录十五种，可供参考。其内容主要包括玉音、殿试考官、期集活动，以及新及第进士名录。名录内容与宋略同，主要区别在于将"举数"改为乡试地点、名次及会试名次而已。另外，明代新及第进士均居住于其所在省份的会馆，而未见有固定期集场所的记载。

清代一仍明代旧制，现谨据康熙丁未（一六六七）科状元缪彤的《胪传记事》，罗列一下是科赐宴、谢恩及其他活动的日程。"三月二十五日，到礼部，与恩荣宴。……四月初二日，赐彤袍帽。……初六日，着赐袍入朝，亲捧谢恩表，跪丹墀下，内阁收进。……初七日，国子监释褐。……二十二日，奉旨授彤秘书院修撰，张玉裁、董讷俱授编修。……二十八日，选庶吉士。"最后是立进士题名碑。清代自顺治三年（一六四六）至光绪三十年（一九〇四），共一百一十二科进士题名碑，至今仍完好地伫立在北京国子监街的孔庙内。

第三节　释褐授官

唐代明经、进士及第之后，只是取得了做官的资格，还不能直接入仕做官，必须再经过吏部考试，及格后才能分配官职，脱去粗麻布衣服，换上官服，即所谓"释褐"（又称"解褐"），表明从此不再是平民百姓，而是步入仕途了。

明经、进士及第后所参加的吏部释褐考试，叫作关试，因为一般在春天举行，故又称春关。胡震亨《唐音癸签》卷一八《进士科故实》云："关试，吏部试也。进士放榜敕下后，礼部始关吏部，吏部试判两节，授春关，谓之关试，始属吏部守选。"可见，关试内容为试判两节。所谓判，即审断狱讼的判语。其考试方法与科举考试相类似。关试合格通过后，即可参加吏部铨选，合格后，即释褐授官；不合格，则等待下次吏部的铨试。因而，唐代许多士人明经、进士及第多年之后，仍为一介布衣，未能释褐授官，以至有出身二十年而未获禄者。如一代文豪韩愈在《上宰相书》中自称："四举于礼部乃一得；三选于吏部卒无成。"即是说参加了四次礼部的科举考试，才考中进士；三次参加吏部的考试，都

第七章　贡举及第与授官

没有能够通过，希望能通过当朝宰相的论荐获得一官半职。结果是三次上书均无效，只好离开京城长安，到宣武军节度使董晋的麾下做幕僚，后来经过董晋的推荐，得到试秘书省校书郎这样的小官，才踏上了仕途。

明经、进士吏部考试合格之后，即释褐授官，而其所授官职包括散官和职事官。散官表示品阶、级别，职事官才是实际职务。关于所授散官，据《新唐书·选举志》载："凡秀才，上上第，正八品上；上中第，正八品下；上下第，从八品上；中上第，从八品下。明经，上上第，从八品下；上中第，正九品上；上下第，正九品下；中上第，从九品下。进士、明法，甲第，从九品上；乙第，从九品下。"由此可见，唐代科举出身者初授品阶是很低的。当然其所授职事官也不会高了。

宋初承五代后唐之制，进士、诸科及第之后，并由礼部贡院关送吏部南曹，试判三道，亦称关试。关试合格，始释褐授官。太宗太平兴国二年（九七七），进士、诸科及第、出身者共五百人，不经关试皆释褐授官。未授官"皆先赐绿袍、靴、笏""第一、第二等进士并九经授将作监丞、大理评事、通判诸州；同出身进士及诸科并送吏部，免选优等注拟初资职事、判司簿尉"（《长编》卷一八）。此后遂成为定制。至真宗景德二年（一〇〇五）六月一日，始规定："应进士、诸科同出身、试将作监主簿者，并令守选。"（《长编》卷六十）即进士、诸科第五甲（等）以下，须经吏部铨试合格，才能授官。对此变化，李焘解释说："故事，登科皆有选限。近制，及第即命以官。咸平三年，初复廷试，赐出身者，亦免选。至是，策名之士尤众，多设等级以振淹滞，虽艺不及格，悉赐同出身、试衔解褐。故令有司循用常调，以示甄别。"（《长编》卷六十）自此至南宋末年，未再变更。

宋代进士、诸科及第所授官职亦包括阶官与职事官，而且其官职高低在不同时期也有所变化。太祖朝授官甚低，如开宝八年（九七五）的状元王嗣宗，仅授官为秦州司寇参军，属最低一级的文官。太宗太平兴国二年（九七七）之后，始授官优渥，"宠章殊异，历代所未有"。太宗、真宗、仁宗三朝，一般是第一人授将作监丞；第二、第三人为大理评事，并为诸州通判；第四、第五人授校书郎、签书诸州判官事；第六名以下第一甲及第者授两使职官、知县；第二甲授初等职官；第三、第四甲并诸科及第、出身者，授判司簿尉；第五甲及诸科同出身者守选。这样，进士前五名的官阶皆为京官，第一甲以上的职事官则为州郡副长官及县的长官。仁宗嘉祐三年（一〇五八）闰十二月十一日，乃诏稍损擢任

第七章　贡举及第与授官

恩典，自今进士第一人授大理评事、签书两使幕职官厅公事或知县；第二、第三人并授两使幕职官；第四、第五人并授试衔知县。第六人以下第一甲授初等职官；第二至第四甲授判司簿尉。南宋时授官略同此制，只不过是阶官名有所变化而已。如孝宗朝一般为进士第一人授承事郎、签书诸州节度判官事，第二、第三人授文林郎、两使职官，第四、第五人授从事郎、初等职官；第六人以下至第四甲，并授迪功郎、诸州司户簿尉；第五甲，守选。

由以上可以看出，未授官先释褐、及第即授官（后改为第五甲同出身者守选）、授官优渥，是宋代科举制度在释褐授官方面与唐代的主要不同之处。这突出表明，科举取士在宋代官僚政治中的地位，有了很大的提高。

元代科举授官，"蒙古、色目人作一榜，汉人、南人作一榜。第一名赐进士及第，从六品；第二名以下及第二甲，皆正七品；第三甲以下，皆正八品。两榜并同"（《元史》卷八一《选举志》）。又据《元史》本传可知，进士第一人一般授翰林修撰；第二甲一般授承事郎、同知州事；第三甲一般授将仕郎、翰林国史院编修官或诸路达花赤、诸州判官、县丞等。如普颜不花，"至正五年（一三四五）由国子生登右榜进士第一人，授翰林修撰"（《元史·普颜不花传》）。林兴祖，

173

"至治二年（一三二二）登进士第，授承事郎、同知黄岩州事"（《元史·林兴祖传》）。韩镛，"延祐五年（一三一八）中进士第，授将仕郎、翰林国史院编修官"（《元史·韩镛传》）。

明代释褐与宋代略同，亦在唱名日未授官先释褐。关于明代进士所授官品，《明会典》卷五载："洪武二十六年定：第一甲第一名，从六品；第二名、第三名，正七品；赐进士及第。第二甲，从七品，赐进士出身。第三甲，正八品，赐同进士出身。"至于其所授职事官，《明史·选举志》载："状元授修撰，榜眼、探花授编修，二、三甲考选庶吉士者，皆为翰林官。其他或授给事、御史、主事、中书、行人、评事、太常、国子博士，或授府推官、知州、知县等官。"较之宋代，更为优渥一些。

这里需要特加说明的是庶吉士之选。自洪武十八年（一三八五）起，即从进士中选拔庶吉士，但不专属于翰林院管理。至永乐二年（一四〇四），于第二甲择文学优等及善书者共六十人，俱为翰林院庶吉士，自此庶吉士遂专属于翰林院了。其与选者，谓之馆选。以翰林院、詹事府官高资深者一人为教习。三年学成，优者留翰林院为编修、检讨，次者出为给事、御史，与常调官待选者大不一样。自天顺二年（一四五八）之后，"非进士不入翰林，非翰林不入内阁，

第七章 贡举及第与授官

南、北礼部尚书、侍郎及吏部侍郎，非翰林不任。……通计明一代宰辅一百七十余人，由翰林者十九。"庶吉士制度正是为培养选补翰林官而设的，所以"庶吉士始进之时，已群目勾储相"（《明史·选举志》）。

清代释褐则在唱名赐第、上表谢恩之后，与向先师孔子行释菜礼的同一天于国子监举行。殿试前三名在唱名赐第之后即颁上谕授官，第一甲第一名授翰林院修撰，第二、第三名授翰林院编修。第二、第三甲进士，唱名赐第之后，还需经过朝考，然后按朝考的成绩、殿试的名次以及覆试的等次，分别授予不同的官职。等第处于前列者，选用为翰林院庶吉士，约占总人数的十分之二；等第次者，分别授予六部主事、内阁中书、知县，约占总人数的十分之八。庶吉士肄业三年期满，还要举行散馆考试，始为诗、赋、时文、论四题，乾隆元年（一七三六）之后，改为诗、赋各一篇。钦派阅卷大臣评定为三等，据此授予官职。文理优者留馆，殿试二甲者授翰林院编修，殿试三甲者授翰林院检讨，散馆第一者，并保送派武英殿协修。其余则授予六部主事或知县。授予六部主事者，可带原资，班在本科榜下用者之前；授予知县者，由吏部以实缺优先选用，也与榜下所授知县须到省候补者不同。明、清授官均优于宋代，大概是每榜取士较少的缘故吧！

第八章　科举考试制度的废除及其在历史上的地位与作用

同世界上其他事物一样，中国的科举考试制度，也经历了一个产生、发展和灭亡的过程。本章主要叙述这一制度废除的过程，并略谈一下这一制度在历史上的地位和作用。

第一节　科举考试制度的废除

在中国科举考试制度发展史上，曾经出现过多次废罢解试、省试以至废罢科举的事情。如唐玄宗天宝十二年（七五三），"敕天下罢乡贡，举人不由国子及郡县学者勿举送"（《文献通考》卷二九）。但不到两年，又恢复了乡贡。宋徽宗崇宁三年（一一〇四）十一月十七日，诏曰："其诏天下，将来科场如故事外，并废州郡发解及省试法，其取士并由学

第八章 科举考试制度的废除及其在历史上的地位与作用

校升贡。"(《宋会要辑稿·选举》四之四）发解及省试停废了十七八年，至宣和三年（一二一一）二月，始诏恢复旧制。其用意在于加强对士人的培养和教育，逐步实现以学校选士代替科举取士。

又如元代，从元世祖至元八年（一三七一）改国号"大元"起，四十多年间，一直未开科举。至仁宗皇庆二年（一三一三），才颁布诏书，决定恢复科举制度。顺帝至元元年（一三三五），右丞相伯颜等不愿汉人通过科举做官，又罢科举，至元六年（一三四〇），伯颜被逐，始诏复行科举。这样，科举制度在元代停罢了近半个世代，也就是元朝一代有近一半的时间未开科取士，其官员则主要由吏入仕。

朱元璋建立明朝伊始，即于洪武三年（一三七〇）下诏开科举，并令各省连试三年，倍加恩宠。六年，他认为"所取多后生少年，能以所学措诸行事者寡，乃但令有司察举贤才，而罢科举不用"（《明史·选举志》）。十五年，以察举弊端颇多，又复行科举，一直延续至明末。

上述元代前期及明初的科举考试制度的停罢，虽然有各种原因，但最后不但得到恢复，而且又延续了数百年的时间。这说明，科举考试制度在当时还是有生命力的。只是到明成化之后，科举考试演变成为以八股文取士，才走向了僵化、

177

没落的道路。

早在明朝末年，有识之士就尖锐指出八股文误国、败坏人材。如当时就有人在朝堂上贴了一张柬帖，写道："谨具大明江山一座，崇祯夫妇两口，奉申贽敬。晚生文八股顿首。"（吕留良《佚佚集》卷三《真进士歌》自注）顾炎武在《日知录》卷一六中写道："八股之害，等于焚书，而败坏人材，有甚于咸阳之郊所坑者但四百六十余人也。"

清初，曾一度停止以八股文取士。康熙二年（一六六三）八月，诏曰："八股文章，实与政事无涉。自今之后，将浮饰八股文章永行停止，惟于为国为民之策、论中出题考试。"（《清圣祖实录》卷九）四年三月，礼部右侍郎黄机上疏请复三场旧制曰："制科取士，稽诸往例，皆系三场。……今甲辰科止用策、论，减去一场，似太简易，恐将来士子剿袭浮词，反开捷径；且不用经书为文，则人将置圣贤之学于不讲，恐非朝廷设科取士之深意。"（同上书卷一四）七年七月，同意黄机所请，乡、会试仍以八股文取士。乾隆三年（一七三八），兵部侍郎舒赫德又奏请改科举、废八股，"别思所以遴拔真才实学之道"（《清朝经世文编》卷五七）。而礼部覆奏曰：科举之法每代不同，而莫不有弊。八股取士，自明至清代当时，行之已约四百年，"人知其弊而守之不变

第八章　科举考试制度的废除及其在历史上的地位与作用

者，非欲不变，诚以变之而未有良法美意，以善其后"，则不如不变（同上）。于是，八股文在清代又实行了近二百年。

从十七世纪上半叶到十九世纪上半叶，西方英、法、美等国先后经过资产阶级革命和工业革命，有了长足的发展，并不断向外扩张；而曾经居于世界前列的中国，从明代以后，却一天天地落后了。

在这种新形势之下，一些先进的知识分子对科举制度也提出了一系列改革意见。其中之一是废八股。光绪二十年（一八九四），严复在《救亡决论》中指出："天下理之最明而势所必至者，如今日中国不变法，则必亡而已。然则变将何先？曰：莫亟于废八股。……八股取士，使天下消磨岁月于无用之地，堕坏志节于冥昧之中，长人虚骄，昏人神智，上不足以辅国家，下不足以资事蓄。破坏人才，国随贫弱。此之不除，徒补苴罅漏，张皇幽渺，无益也。"（《侯官严氏丛刊》卷四）次年，正值会试之时，马关和议消息传来，广东举人康有为联合各省举人千余人上书光绪皇帝，请拒和、迁都、变法。其论教民一事，则先列八股取士之弊，主张改革科举制度。二十四年四月，康有为在《请废八股试帖楷法试士改用策论折》中，进一步指出："但八股清通，楷法圆美，即可巍科进士。翰苑清才，而竟有不知司马迁、范仲淹为何代人，汉祖、唐宗为何朝帝者！若问以亚非之舆地，欧美之政学，张口瞪目，不知何语矣。既流为笑语，复秉文衡，则其展转引收，为若何才俊乎？"（《戊戌变法》第二册）因此恳请光绪皇帝"特发明诏，立废八股"。此时梁启超亦因会试在北京，遂联合各省举人，上《公车上书请变通科举折》，指出："夫近代官人，皆由科举，公卿百执，皆自此出；是神器所由寄，百姓所由托，其政至重也。……然内政、外交、治兵、理财无一能举者，则以科举之试以诗文、楷法取士，学非所用，用非所学故也。""为国事危急，由于科举乏才，请特下明诏，将下科乡、会试，及此后岁、科试，停止八股、试帖，推行经济六科，以育人才而御外侮。"（同上）所谓"经济六科"，指内政、外交、理财、经武、格物、考工。于是，五月初五日，光绪皇帝颁布谕旨："著自下科为始，乡、会试及生童岁、科各试，向用四书文者一律改试策论。"（《清德宗实录》卷四一九）六月一日，礼部又拟定了科举新章："乡、会试仍定为三场：第一场，试中国史事、国朝政治论五道；第二场，试时务策五道，专问五洲各国之政，专门之艺；第三场，试四书义两篇、五经义一篇。"（同上书卷四二一）并规定了实施细则。此即为戊戌变法的内容之一。

戊戌变法只不过是一场维护清朝统治的改良运动。但是，

第八章　科举考试制度的废除及其在历史上的地位与作用

以慈禧太后为首的顽固派连这些改良也不允许，是年八月六日发动政变，囚禁光绪皇帝，镇压维新派，废罢新政。八月二十四日，慈禧太后下谕："嗣后乡试、会试及岁考、科考等悉照旧制，仍以四书文、试帖、经文、策问等项分别考试。"（《清德宗实录》卷四二八）

戊戌变法被镇压之后，又爆发了义和团运动。为了镇压义和团，八国联军进攻天津、北京。光绪二十六年（一九〇〇）七月，八国联军攻入北京，慈禧太后携光绪皇帝逃奔西安。为了缓和国内矛盾，慈禧太后又假意维新，二十七年七月乙卯，又下谕旨："著自明年为始，嗣后乡、会试，头场试中国政治史事论五篇，二场试各国政治、艺学策五道，三场试四书义二篇、五经义一篇。……进士朝考论疏，殿试策问，均以中国政治史事及各国政治、艺学命题。以上一切考试，凡四书、五经义，均不准用八股文程式。"（《光绪朝东华录》）名义上又恢复了戊戌科举新章程。

在新形势之下，一些先进的知识分子在建议废八股的同时，还不断奏请兴学校。康有为在光绪二十一年（一八九五）公车上书中就提出："改武科为艺学，令各省州学遍开艺学书院，凡天文、地矿、医律、光重、化电、机器、武备、驾驶，分立学堂，而测量、图绘、语言、文字皆学之。"不

181

久，又上《请开学校折》。此后，言事者多以兴学校为要务。于是，在戊戌变法过程中，除明令废八股之外，还屡下谕旨，指日开办京师大学堂（今北京大学的前身），"将各省、府、厅、州、县现有之大小书院，一律改为兼习中学、西学之学校"（《清德宗实录》卷四二〇）。戊戌变法失败了，而兴学校这项新政却保留了下来。光绪二十七年（一九〇一），慈禧太后假意维新之时，又下谕旨除京师已设大学堂之外，再令各直省省城与府、厅、州、县设立学堂，以作育人才。光绪二十九年（一九〇三）二月，直隶总督袁世凯、署两江总督张之洞以科举阻碍学校上《奏请递减科举折》，"请俟万寿恩科举行后，……学政岁、科试分两科减尽，乡、会试三试减尽，……俾天下士子，舍学堂，别无进身之路"（《清德宗实录》卷五一二）。同年十一月二十六日，上谕批准。光绪三十一年（一九〇五），袁世凯等又奏请立停科举以广学校，八月四日，上谕曰："袁世凯等奏请立停科举以广学校并妥筹办法一折。……前因管学大臣等议奏，当准将乡、会试中额分三科递减。兹据该督等奏称科举不停，民间相率观望，欲推广学堂，必先停科举等语，所陈不为无见。著即自丙午科为始，所有乡、会试一律停止，各省岁、科考试亦即停止。其以前举、贡、生员，分别量予出路，及其余各条，均著照

第八章　科举考试制度的废除及其在历史上的地位与作用

所请办理。"(《清德宗实录》卷五四八)丙午年即光绪三十二年(一九〇六)。这就是说,光绪三十年甲辰(一九〇四)科,为中国科举考试制度史上的最后一科;光绪三十一年(一九〇五),宣告延续一千三百年的中国科举考试制度最终被废除。

第二节　科举考试制度的历史地位与作用

科举考试制度是中国历史上一种选拔官员的制度。它不问家世,不须举荐,主要以考试成绩决定取舍,比世卿世禄制、察举制更具有公开、平等和竞争的性质,因而在历史上也更具有进步性,可以说是中国封建社会中最进步、也是最重要的选拔官员的制度。

科举考试制度在历史上曾经起过很积极的作用。这一点在唐宋时期表现得尤为突出。

首先,通过科举考试制度,选拔了一大批"寒畯之士",即出身寒微而才能杰出的人材,参加国家管理,分掌兵、刑、钱、谷等事,对于社会的发展,起过促进的作用。如宋太宗朝的名臣王禹偁,《宋史》本传说他"世为农家",毕仲游则说他是"磨家儿"。仁宗朝的宰相杜衍,是一个遗腹子,"其母改适河阳钱氏""乃诣河阳归其母，继父不之容，往来孟、洛间，贫甚，佣书以自资"（《涑水记闻》卷十）。范仲淹"二岁而孤，母更适长山朱氏，从其姓，名说。……既长，知其世家，乃感泣辞母，去之应天府，依戚同文学。昼夜不息，冬月惫甚，以水沃面；食不给，至以糜粥继之，人不能堪，仲淹不苦也"（《宋史·范仲淹传》）。欧阳修幼年"家贫，至以荻画地学书"（《宋史·欧阳修传》）。如此等等。他们都并非出身富豪显贵，完全是通过科举考试踏上仕途的。又如包拯、王安石，也不过是出身于中小地主家庭，其父辈也仅官至县令，不通过科举考试，他们也不易位至宰执，参与大政的。这些人材在宋代的政治改革以至诗文革新等方面，都起了积极作用，对后世也有深远的影响。

四十多年前，社会学家潘光旦、费孝通，曾根据清代九百一十五本试卷的履历，统计出有相当一部分人父祖辈没有功名，即由白衣而获得功名。从而构成了社会阶层的流动（《科举与社会流动》，载清华大学《社会科学》四卷一期，一九四七年）。同年，美国学者柯睿格曾根据《绍兴十八年同年小录》和《宝祐四年登科录》，统计出有一半以上的进士其前三代都没有人做官，也说明由于科举考试制度，导致了上下的社会流动。此后，有不少学者发表了一些不同意见。

第八章 科举考试制度的废除及其在历史上的地位与作用

但无论其程度与性质如何,封建王朝通过科举考试,从地主阶级各阶层(甚至包括少数富裕农民)中选拔杰出人材的社会现象是客观存在的。这对于封建王朝调整统治阶级内部的关系,扩大统治的社会基础,提高统治的能力和效率,都是有益的。

其次,科举考试制度改变了封建社会的官员结构,在一定程度上提高了封建官员的素质。中国封建社会官员的主要来源为:世袭补官及其变种门荫补官、荐举入仕、科举取士、胥吏出职、进纳买官、军功补官等。

隋唐以来,科举出身的官员在高级官员中的比例,逐渐增加,到宋代已占有绝对优势。根据吴宗国教授的统计,从唐宪宗(八〇六—八二〇)时起,进士出身者即在宰相中占据多数;此后继续发展,以至占据绝对优势,而且终唐没有再发生变化。现仅列表如下:

朝代 项目	宪宗	穆宗	敬宗	文宗	武宗	宣宗	懿宗
宰相总数	29	14	7	24	15	23	21
进士出身数	17	9	7	19	12	20	20
百分比	59%	64%	100%	79%	80%	87%	95%

在宋代更是如此。现将北宋时期科举出身者在宰相、副宰相中所占比例列表如下:

项目 朝代	宰相 总数	宰相 科举出身数	宰相 百分比	副宰相 总数	副宰相 科举出身数	副宰相 百分比
太祖	6	3	50%	4	3	75%
太宗	9	6	67%	23	21	91%
真宗	12	11	92%	17	17	100%
仁宗	23	22	96%	39	37	94%
英宗	2	2	100%	2	2	100%
神宗	9	9	100%	18	18	100%
哲宗	11	11	100%	23	22	96%
徽宗	13	13	100%	34	31	91%
钦宗	7	6	86%	16	11	70%

元代不重视科举，而明清与宋的情况大致相仿。科举出身者在高级官员中占绝对优势，对于提高官员的素质是有益的。如在宋代，高官显宦子弟，凭借父祖的官职，"不限才愚，尽居禄位，未离襁褓，已列簪绅"。他们养尊处优，不学无术，"俾之从政，徒只害民"（《长编》卷一三二）。百司胥吏，主行文书，积年寡过，例该出职。他们文化素质较差，而且大多贪赃枉法，使之任官，往往变本加厉。至于富室巨商进纳买官，目的在于提高政治地位，进而攫取更多的财富。所以出官之后，必然加倍搜刮民脂民膏，其能奉法治事者，恐百无一二。而科举所取之士，一般经过一二十年"治经阅史"的读书生涯，又经过解试、省试、殿试三级比较严格的考试，百里挑一甚至千里挑一，方能及第授官。他们一般具有相当的文化知识，稍顾廉耻，比较注重地主阶级的整体利

第八章 科举考试制度的废除及其在历史上的地位与作用

益和长远利益,虽然其中也有不少庸碌无能之辈,但较之门荫补官、胥吏出职及进纳买官,在素质上,显然要好些。

第三,科举考试制度也促进了文化教育事业的发展。如在宋代,在科举考试的刺激下,读书人数量急剧增加。对经、史、子、集各类书籍的需求量也大为增加;而在科学技术方面,雕版印刷术的发展和活字印刷术的发明,以及造纸技术的提高,也促使各类书籍得以大量印刷和广泛流布,这样就大大推动了文化的普及。为了适应科举考试的需要,中央官学、地方官学、各地书院及各种乡村私塾空前发展。如中央太学,徽宗时生员达上舍二百人,内舍六百人,外舍三千人,共三千八百人。各州县一般皆有官学,并有学田、房屋以供办学之费。(参见何忠礼《科举制度与宋代文化》,载《历史研究》一九九〇年第五期)据葛胜仲《乞以学书上御府并藏辟雍札子》称,据当时官方统计,宋徽宗大观三年(一一〇九),宋朝全国二十四路官学生员共十六万七千六百二十二人,学舍九万五千二百九十八楹,学钱岁所入三百零五万八千八百七十二缗,学粮岁所入六十四万零二百九十一斛,学田十万五千九百九十顷,房廊十五万五千四百五十四楹。其官学在校学生之多,校舍之广,经费之大,都是空前的。至于民间的书院与私塾,更是不可胜数。明清时期,"科举必由学校",官学与私塾的学校教育更为发达。

第四,中国的科举制度,在考试方法方面日臻完备,在一定程度上体现了公开考试、平等竞争、择优录用的精神,因而对于近代的文官考试制度起借鉴的作用。一八五五年开始建立的英国文官考试制度,就显然受到中国科举考试制度的影响。正如孙中山先生在《五权宪法·民权初步》中所说:"现在各国的考试制度,差不多都是学英国的。穷流溯源,英国的考试制度,原来还是从我们中国学过去的。"甚至在我们现在的考试制度中,还保留着许多科举考试的方法。如试卷封弥制度,按号入座制度,禁止怀挟、传义、代笔制度,主要以考试成绩决定弃取高下制度,等等。科举考试制度的许多方面,对于我们今天也是有启发和教益的。

同时,我们也应充分看到,科举考试制度也有许多弊病,这一点在明清后期表现得尤为突出,在历史上也起过很消极的作用。

首先,在科举考试内容方面,如前所述,唐宋的格诗律赋、帖经墨义,尤其是明清的八股文,都是于世无用的"雕虫篆刻之学",以此取士,非但不能选拔经世致用之才,反而会败坏人才。当时的有识之士,已经提出了尖锐批评,连封建皇帝也不得不承认这一弊病。如唐玄宗开元二十五年(七

第八章　科举考试制度的废除及其在历史上的地位与作用

三七）敕云："进士以声律为学，多昧古今；明经以帖诵为功，罕穷旨趣，安得为敦本复古，经明行修？以此登科，非选士取贤之道。"（《唐会要》卷七五《帖经条例)》）王安石更指出："今以少壮时正当讲求天下正理，乃闭门学作诗赋；及其入官，世事皆所不习。此乃科法败坏人才，致不如古。"（《文献通考》卷三一）至于以八股文取士，顾炎武认为，其弊甚于焚书坑儒。这绝非危言耸听。尤其到了清代后期，西方国家的科学技术突飞猛进，中国则大大落后于时代的潮流和世界的发展，而科举考试制度仍然引导士人埋头于"四书""五经""程墨""时文"，把科学技术看作"奇技淫巧"而不屑一顾，其考试内容陈腐，形式僵化，误国害民，昭然若揭。康有为在《请废八股试帖楷法试士改用策论折》中说：总计全国童生，三十年间约为三百万之数，"以最有用之年华，最可用之精力，假以从事科学，讲求政艺，则三百万之人才，足以当荷兰、瑞典、丹麦、瑞士之民数矣，以为国用，何求不得？何欲不成？乃以三百万可用之精力人才，日月钩心斗角，弊精费神，举而投之于枯窘搭截之文中，徒令其不识不知、无才无用、聋盲老死，是比白起之坑长平赵卒四十万尚十倍之，其立法之谬异、流弊之奇骇，诚古今所未闻，而外人所尤怪诧者。"这完全是基于切肤之痛而发出的肺

189

腑之言。

其次，封建统治者开科取士的目的之一，就是笼络天下士人。传说唐太宗"尝私幸端门，见新进士缀行而出，喜曰：'天下英雄入吾彀中矣！'"（《唐摭言》卷一）宋代科举考试中的"特奏名"，也是为了"以一命之服而收天下士心"（《铁围山丛谈》卷二）。南宋人王栐明白指出："自是士之潦倒不第者，皆觊觎一官，老死不止。……英雄豪杰皆汩没消靡其中而不自觉，故乱不起于中国，而起于夷狄，岂非得御天下之要术欤！"（《燕翼诒谋录》卷一）

及至明朝中叶以后，完全以八股文取士，在内容上要求应举人完全按照"四书""五经"及官方指定的注疏，"代圣贤立言"，不准发挥己意；在形式上严格按照规定的格式排比对偶，敷衍成文，甚至连每段开头的虚字也都有规定。这样，就使科举考试制度完全成了文化专制主义的工具。虽然八股取士是明成化以后的事，而清嘉庆、道光之后，科举考试制度的腐朽没落始表现得更为突出，但"禁锢生人之心思材力"，即禁锢思想自由，消磨聪明才智，则是历代统治者的一项意愿，也是科举考试制度的一大消极作用。乾隆三年（一七三八）讨论科举改革时，执政大臣鄂尔泰就曾直言不讳地说过："非不知八股为无用，而牢笼志士，驱策英才，其术莫善于此"(《满清稗史》第三十七节)。

时代在前进,社会在发展,科举考试制度的痼疾日益明显,以至"废八股、罢科举、兴学校"成为朝野上下的共识。科举考试制度已经完成了它的历史使命,它的废除也是历史的必然。

附录一　唐代进士登科表

项目＼年代	知贡举	状元	登科人数
武德五年（622）	申世宁	孙伏伽	4
武德六年（623）			4
武德七年（624）			6
武德八年（625）			5
武德九年（626）			7
贞观元年（627）	卢承庆		4
贞观三年（629）			5
贞观四年（630）			9
贞观五年（631）			15
贞观六年（632）			12
贞观七年（633）			13
贞观八年（634）			9
贞观九年（635）			6
贞观十年（636）			11
贞观十一年（637）			8
贞观十二年（638）			11
贞观十三年（639）			17
贞观十四年（640）			5
贞观十五年（641）			14
贞观十七年（643）			15
贞观十八年（644）			24
贞观二十年（646）	王师旦		3
贞观二十一年（647）	王师旦		7
贞观二十二年（648）	王师旦		9
贞观二十三年（649）	王师旦		8
永徽元年（650）			14
永徽二年（651）			25
永徽五年（654）			1
永徽六年（655）			43
显庆元年（656）			3

(续表)

年代＼项目	知贡举	状元	登科人数
显庆二年（657）			22
显庆三年（658）			17
显庆四年（659）			20
显庆五年（660）			14
龙朔元年（661）			5
龙朔二年（662）			8
麟德元年（664）			3
乾封元年（666）			2
乾封二年（667）			5
总章元年（668）			26
咸亨元年（670）		宋守节	54
咸亨四年（673）	杜易简		79
上元元年（674）	王方庆		68
上元二年（675）	骞味道	郑益	45
仪凤元年（676）			1
仪凤三年（678）			9
调露二年（680）			3
永隆二年（681）	刘思立		2
永淳元年（682）	刘思立	许且	66
永淳二年（683）	刘廷奇		55
嗣圣元年（684）	刘廷奇		16
垂拱元年（685）	刘廷奇	吴师道	27
垂拱二年（686）			4
垂拱三年（687）		陈伯玉	65
垂拱四年（688）			24
永昌元年（689）			8
载初元年（690）			16
天授二年（691）			16
天授三年（692）			缺
长寿二年（693）			20
证圣元年（695）	李迥秀		22

193

（续表）

项目　　年代	知贡举	状元	登科人数
万岁通天元年（696）	李迥秀		27
万岁通天二年（697）			27
圣历元年（698）			22
圣历二年（699）			16
圣历三年（700）			20
大足元年（701）	张说		27
长安二年（702）	沈佺期		21
长安三年（703）			31
长安四年（704）	崔湜		45
神龙元年（705）	崔湜		73
神龙二年（706）	赵彦昭	姚仲豫	32
神龙三年（707）	马怀素		48
景龙二年（708）	宋之问		40
景龙四年（710）	武平一		52
景云二年（711）	卢逸		4
太极元年（712）	房光庭	常无名	37
先天二年（713）	房光庭		77
开元二年（714）	王邱	李昂	17
开元三年（715）			21
开元四年（716）		范崇凯	16
开元五年（717）	裴耀卿		25
开元六年（718）	裴耀卿		32
开元七年（719）	李纳		25
开元八年（720）	李纳		57
开元九年（721）	员嘉静		38
开元十年（722）	员嘉静		33
开元十一年（723）	源少良		31
开元十二年（724）	贾季阳	杜绾	21
开元十三年（725）	李怀远		1
开元十四年（726）	严挺之	严迪	31
开元十五年（727）	严挺之	李嶷	19

（续表）

年代 项目	知贡举	状元	登科人数
开元十六年（728）	严挺之	虞咸	20
开元十七年（729）		王正卿	26
开元十八年（730）	崔明允		26
开元十九年（731）	裴敦复	王维	缺
开元二十年（732）	裴敦复		24
开元二十一年（733）		徐徵	25
开元二十二年（734）	孙逖	李琚	29
开元二十三年（735）	孙逖	贾至	27
开元二十四年（736）	李昂		20
开元二十五年（737）	姚奕		27
开元二十六年（738）	姚奕	崔曙	23
开元二十七年（739）	崔翘		24
开元二十八年（740）	崔翘		15
开元二十九年（741）	崔翘		13
天宝元年（742）	韦陟	王阅	23
天宝二年（743）	达奚珣	刘单	26
天宝三年（744）	达奚珣	赵岳	29
天宝四年（745）	达奚珣		25
天宝五年（746）	奚达珣	羊袭吉	21
天宝六年（747）	李岩	杨护	23
天宝七年（748）	李岩	杨誉	24
天宝八年（749）	李岩		20
天宝九年（750）	李昍		21
天宝十年（751）	李麟	李巨卿	20
天宝十一年（752）	李麟		26
天宝十二年（753）	杨浚	杨儇	56
天宝十三年（754）	杨浚	杨纮	35
天宝十四年（755）	杨浚	常衮	24
天宝十五年（756）	杨浚	卢庚	33
至德二年（757）	薛邕、崔涣、裴士淹、李希言		51
至德三年（758）	裴士淹		23

195

（续表）

年代＼项目	知贡举	状元	登科人数
乾元二年（759）	李揆		25
乾元三年（760）	姚子彦		26
上元二年（761）	姚子彦		29
宝应二年（763）	萧昕	洪源	27
广德二年（764）	萧昕	杨栖梧	25
永泰元年（765）	贾至、杨绾	萧遘	27
永泰二年（766）	贾至		26
大历二年（767）	薛邕		20
大历三年（768）	薛邕		19
大历四年（769）	薛邕	齐映	26
大历五年（770）	薛邕、张延赏	李抟	26
大历六年（771）	张谓、张延赏	王淑	28
大历七年（772）	张谓	张式	3
大历八年（773）	张谓、蒋涣		34
大历九年（774）	张谓、蒋涣	杨凭	32
大历十年（775）	常衮、蒋涣	丁泽	27
大历十一年（776）	常衮		14
大历十二年（777）	常衮	黎逢	12
大历十三年（778）	潘炎	杨凝	21
大历十四年（779）	潘炎	王储	20
建中元年（780）	令狐峘		21
建中二年（781）	于邵	崔元翰	17
建中三年（782）	赵赞		28
建中四年（783）	李纾	薛展	27
兴元元年（784）	鲍防		5
贞元元年（785）	鲍防	郑全济	33
贞元二年（786）	鲍防、包佶	张正甫	27
贞元三年（787）	萧昕	牛锡庶	33
贞元四年（788）	刘太真		31
贞元五年（789）	刘太真	卢顼	36
贞元六年（790）	张濛		29

（续表）

项目 年代	知贡举	状元	登科人数
贞元七年（791）	杜黄裳	尹枢	30
贞元八年（792）	陆贽	贾稜	23
贞元九年（793）	顾少连	苑论	32
贞元十年（794）	顾少连	陈讽	28
贞元十一年（795）	吕渭		27
贞元十二年（796）	吕渭	李程	30
贞元十三年（797）	吕渭	郑巨源	20
贞元十四年（798）	顾少连	李随	20
贞元十五年（799）	高郢	封孟绅	17
贞元十六年（800）	高郢	陈权	17
贞元十七年（801）	高郢	班肃	18
贞元十八年（802）	权德舆	徐晦	23
贞元十九年（803）	权德舆		20
贞元二十一年（805）	权德舆		29
元和元年（806）	崔邠	武翊黄	23
元和二年（807）	崔邠	王源中	28
元和三年（808）	卫次公	柳公权	19
元和四年（809）	张弘靖	韦瓘	20
元和五年（810）	崔枢	李顾行	32
元和六年（811）	于尹躬		20
元和七年（812）	许孟容	李固言	29
元和八年（813）	韦贯之	尹极	30
元和九年（814）	韦贯之	张又新	27
元和十年（815）	崔群		30
元和十一年（816）	李逢吉	郑澥	33
元和十二年（817）	李程		35
元和十三年（818）	庾承宣	独孤樟	32
元和十四年（819）	庾承宣	韦谌	31
元和十五年（820）	李建	卢储	29
长庆元年（821）	钱徽		23
长庆二年（822）	王起	贾餗	29

（续表）

年代＼项目	知贡举	状元	登科人数
长庆三年（823）	王起	郑冠	28
长庆四年（824）	李宗闵	李群	33
宝历元年（825）	杨嗣复	柳璟	33
宝历二年（826）	杨嗣复	裴俅	35
大和元年（827）	崔郾	李郃	33
大和二年（828）	崔郾	韦筹	37
大和三年（829）	郑澣	李远	25
大和四年（830）	郑澣	宋邧	25
大和五年（831）	贾餗	杜陟	25
大和六年（832）	贾餗	李珪	25
大和七年（833）	贾餗	李馀	25
大和八年（834）	李汉	陈宽	25
大和九年（835）	崔郸	郑确	25
开成元年（836）	高锴		40
开成二年（837）	高锴	李肱	40
开成三年（838）	高锴	裴思谦	40
开成四年（839）	崔蠡	崔口	30
开成五年（840）	李景让	李从实	30
会昌元年（841）	柳璟	崔岘	30
会昌二年（842）	柳璟	郑颢	30
会昌三年（843）	王起	卢肇	22
会昌四年（844）	王起	郑言	26
会昌五年（845）	陈商	易重	19
会昌六年（846）	陈商	狄慎思	16
大中元年（847）	魏扶	顾标	26
大中二年（848）	封敖	卢深	23
大中三年（849）	李褒	于珪	30
大中四年（850）	裴休	张温琪	30
大中五年（851）	韦悫	李郜	30
大中六年（852）	崔玙		28
大中七年（853）	崔瑶	于玚	30

附录一　唐代进士登科表

（续表）

项目 年代	知贡举	状元	登科人数
大中八年（854）	郑薰	颜标	30
大中九年（855）	沈询		30
大中十年（856）	郑颢	崔铏	30
大中十一年（857）	杜审权		30
大中十二年（858）	李藩	李億	30
大中十三年（859）	郑颢	孔纬	30
大中十四年（860）	裴坦	刘濛	30
咸通二年（861）	薛坦	裴延鲁	30
咸通三年（862）	郑从谠	薛迈	30
咸通四年（863）	萧倣	孙龙光	25
咸通五年（864）	王铎		25
咸通六年（865）	李蔚		25
咸通七年（866）	赵骘	韩衮	25
咸通八年（867）	郑愚	郑洪业	30
咸通九年（868）	刘允章	赵峻	30
咸通十年（869）	王凝	归仁绍	30
咸通十二年（871）	高湜	李筠	40
咸通十三年（872）	崔瑾	郑昌图	30
咸通十四年（873）	李昭	孔纁	30
咸通十五年（874）	裴瓒	归仁泽	30
乾符二年（875）	崔沆	郑合敬	30
乾符三年（876）	崔沆	孔缄	30
乾符四年（877）	高湘		30
乾符五年（878）	崔澹	孙偓	30
乾符六年（879）	张读		30
广明元年（880）	崔厚	郑蔼	30
广明二年（881）	韦昭度		14
中和二年（882）	归仁泽		28
中和三年（883）	夏侯潭	崔昭纬	30
光启元年（885）	薛舍人	许祐孙	35
光启二年（886）	郑延昌	陆扆	9

（续表）

项目 年代	知贡举	状元	登科人数
光启三年（887）	柳玭		25
光启四年（888）	柳玭	郑贻矩	28
龙纪元年（889）	赵崇	李翰	25
大顺元年（890）	裴贽	杨赞禹	21
大顺二年（891）	裴贽	崔昭矩	27
景福元年（892）	蒋泳	归黯	30
景福二年（893）	杨涉	崔胶	28
乾宁元年（894）	李择	苏检	28
乾宁二年（895）	崔凝	赵观文	15
乾宁三年（896）	独孤损	崔谔	12
乾宁四年（897）	薛昭纬	杨赞图	20
乾宁五年（898）	裴贽	羊绍素	20
光化二年（899）	赵光逢	卢文焕	27
光化三年（900）	李渥	裴格	36
光化四年（901）	杜德祥	归佾	26
天复四年（904）	杨涉		26
天祐二年（905）	张文蔚	归係	23
天祐三年（906）	薛廷珪	裴说	25
天祐四年（907）		崔詹	20
总计			6 603

附录二 北宋贡举登科表

项目\年代	知贡举	同知贡举	省元	状元	正奏名 进士	正奏名 诸科	正奏名 小计	特奏名 进士	特奏名 诸科	特奏名 小计	合计
建隆元年（960）	扈蒙	无	无	杨砺	19	缺	19				19
建隆二年（961）	窦仪	无	无	张去华	11	缺	11				11
建隆三年（962）	王著	无	无	马适	15	缺	15				15
乾德元年（963）	薛居正	无	无	苏德祥	8	缺	8				8
乾德二年（964）	陶谷	无	无	李景阳	8	缺	8				8
乾德三年（965）	卢多逊	无	无	刘察	7	缺	7				7
乾德四年（966）	王祐	无	无	李肃	6	9	15				15
乾德五年（967）	卢多逊	无	无	刘蒙叟	10	缺	10				10
开宝元年（968）	王祐	无	无	柴成务	11	缺	11				11
开宝二年（969）	赵逢	无	无	安德裕	7	缺	7				7
开宝三年（970）	扈蒙	无	无	张拱	8	缺	8	106		106	114
开宝四年（971）	卢多逊	无	无	刘寅	10	缺	10				10
开宝五年（972）	扈蒙	无	无	安守亮	11	17	28				28
开宝六年（973）	李昉	无	无	宋准	26	101	127				127
开宝八年（975）	王祐	扈蒙、梁周翰、雷德骧	王式	王嗣宗	31	34	65				65
太平兴国二年（977）	张洎	石熙载、侯陟、侯陶、陈鄂	缺	吕蒙正	109	207	316	184		184	500

201

(续表)

项目 年代	知贡举	同知贡举	省元	状元	正奏名 进士	正奏名 诸科	正奏名 小计	特奏名 进士	特奏名 诸科	特奏名 小计	合计
太平兴国三年(978)	刘兼	张洎、郭贽、王克正	赵昌言	胡旦	74	82	156				156
太平兴国五年(980)	程羽	侯陟、郭贽、宋贽、陈鄂、邢昺	缺	苏易简	121	534	655				655
太平兴国八年(983)	宋白	贾黄中、吕蒙正、李至、王沔、韩丕、宋准、李穆、李范、杨砺	王禹偁	王世则	239	633	872				872
雍熙二年(985)	贾黄中	徐铉、赵昌言、韩丕、苏易简、宋准、张洎、范杲、宋湜	陈充	梁颢	258	620	878	84	84	962
端拱元年(988)	宋白	李沆	程宿	程宿	160	811	971	缺	缺	缺	971
端拱二年(989)	苏易简	宋准	陈尧叟	陈尧叟	186	478	664				664
淳化三年(992)	苏易简	毕士安、钱若水、吕祐之、王旦	孙何	孙何	353	964	1 317				1 317
咸平元年(998)	杨砺	李若拙、梁颢、朱台符	孙仅	孙仅	51	150	201				201
咸平二年(999)	温仲舒	张咏、师顽	孙暨	孙暨	71	174	245				245
咸平三年(1000)	洪湛	王钦若、谢泌、赵安仁	李庶几	陈尧咨	427	777	1 204	260	697	957	2 161
咸平五年(1002)	陈恕	师顽、谢泌、杨覃	王曾	王曾	38	182	220				220

附录二 北宋贡举登科表

(续表)

项目 年代	知贡举	同知贡举	省元	状元	正奏名 进士	正奏名 诸科	正奏名 小计	特奏名 进士	特奏名 诸科	特奏名 小计	合计
景德二年（1005）	赵安仁	晁迥、戚纶、陈充、朱巽	刘滋	李迪	393	1 268	1 661	316	1 072	1 388	3 049
大中祥符元年（1008）	晁迥	朱巽、王曾、陈彭年	郑向	姚晔	207	652	859				859
大中祥符二年（1009）	张秉	周起	无	梁固	31	54	85				85
大中祥符四年（1011）	谢泌	王曾	无	张师德	31	50	81				81
大中祥符五年（1012）	晁迥	刘综、李维、孙奭	缺	徐奭	126	377	503				503
大中祥符七年（1014）	王曾	钱惟演	无	张观	21	21	42				42
大中祥符八年（1015）	赵安仁	李维、盛度、刘筠	高餗	蔡齐	203	363	566	78	72	150	716
天禧三年（1019）	钱惟演	王曙、杨亿、李谘	程戬	王整	162	154	316		211	211	527
天圣二年（1024）	刘筠	宋绶、陈尧佐、刘烨	吴感	宋郊	207	354	561	43	77	120	681
天圣五年（1027）	刘筠	冯元、石中立、韩亿	吴育	王尧臣	377	894	1 271	109	234	343	1 614
天圣八年（1030）	晏殊	王随、徐奭、张观	欧阳修	王拱辰	249	573	822				822

(续表)

项目 年代	知贡举	同知贡举	省元	状元	正奏名 进士	正奏名 诸科	正奏名 小计	特奏名 进士	特奏名 诸科	特奏名 小计	合计
景祐元年（1034）	章得象	郑向、胥偃、李淑、宋郊	黄庠	张唐卿	501	481	982		857	857	1 839
宝元元年（1038）	丁度	缺	范镇	吕溱	310	617	927	165	984	1 149	2 076
庆历二年（1042）	聂冠卿	王拱辰、苏绅、吴育、高若讷	范镇	杨寘	432	407	839		364	364	1 203
庆历六年（1046）	孙抃	张方平、高若讷、杨伟、钱明逸	杨寘	贾黯	538	415	953	223	1 655	1 878	2 831
皇祐元年（1049）	赵槩	张锡、王贽、蔡襄、赵师民	裴煜	冯京	498	550	1 048	缺	缺	缺	1 048
皇祐五年（1053）	王拱辰	曾公亮、胡宿、蔡襄、王珪	冯京	郑獬	520	522	1 042	766	430	1 196	2 238
嘉祐二年（1057）	欧阳修	王珪、梅挚、韩绛、范镇	徐无党	章衡	388	389	777	122	102	224	1 001
嘉祐四年（1059）	胡宿	吕溱、刘敞	李寔	刘辉	165	184	349		65	65	414
嘉祐六年（1061）	王珪	范镇、王畴	刘挚	王俊民	193	102	295	44	41	85	380
嘉祐八年（1063）	范镇	王安石、司马光	江衍	许将	194	147	341	72	28	100	441
治平二年（1065）	冯京	范镇、邵必	孔武仲	彭汝砺	213	148	361	45	缺	45	406
治平四年（1067）	司马光	韩维、邵亢	彭汝砺	许安世	350	211	561	缺	缺	缺	561

附录二 北宋贡举登科表

（续表）

项目年代	知贡举	同知贡举	省元	状元	正奏名进士	正奏名诸科	正奏名小计	特奏名进士	特奏名诸科	特奏名小计	合计
熙宁三年（1070）	王珪	吕公著、苏颂、孙觉	陆佃	叶祖洽	355	474	829		474	474	1 303
熙宁六年（1073）	曾布	吕惠卿、邓绾、邓润甫	邵刚	余中	400	196	596	475	217	692	1 288
熙宁九年（1076）	邓绾	邓润甫、蒲宗孟	张嶷	徐铎	422	174	596	447	194	641	1 237
元丰二年（1079）	许将	蒲宗孟、沈季长	朱凌明	时彦	348	254	602	778	778	778	1 380
元丰五年（1082）	李清臣	舒亶、满中行	刘燾	黄裳	445	147	592	836	836	836	1 428
元丰八年（1085）	许将	陆佃、孙觉	焦蹈	焦蹈	485	91	576	847	847	847	1 423
元祐三年（1088）	苏轼	孙觉、孔文仲	章援	李常宁	523	73	596	533	533	533	1 129
元祐六年（1091）	范百禄	顾临、孔武仲	邹起	马涓	519	83	602	323	323	323	925
绍圣元年（1094）	邓润甫	范祖禹、王觌、虞策	刘范	毕渐	512	88	600	346	346	346	946
绍圣四年（1097）	林希	徐铎、沈铢	汪革	何昌言	564	45	609	缺	缺	缺	609
元符三年（1100）	徐铎	赵挺之、何执中、吴伯举	李釜	李釜	561	缺	561	缺	缺	缺	561
崇宁二年（1103）	安惇	刘拯、邓洵武、范致虚	李阶	霍端友	538		538	缺	缺	缺	538
崇宁五年（1106）	朱谔	侯蒙、白时中、薛昂	吴㘽	蔡嶷	671		671	缺	缺	缺	671
大观三年（1109）	薛昂	慕容彦逢、李图南、霍端友、俞㮚、刘安上、宇文粹中、蔡居厚	李弥逊	贾安宅	731		731	缺	缺	缺	731

205

(续表)

项目 年代	知贡举	同知贡举	省元	状元	正奏名 进士	正奏名 诸科	正奏名 小计	特奏名 进士	特奏名 诸科	特奏名 小计	合计
政和二年（1112）	蔡嶷	慕容彦逢、宇文粹中、张聚	师骙	莫俦	713		713	缺	缺	缺	713
政和五年（1115）	王黼	慕容彦逢、霍汝文、冯熙载	傅崧卿	何㮚	692		692	1 057	2	1 057	1 851
重和元年（1118）	陆德先	缺	何大圭	王昂	783		783	缺	缺	缺	783
宣和三年（1121）	赵野	黄齐、郭三益	宋齐愈	何㻧	630		630	缺	缺	缺	630
宣和六年（1124）	宇文粹中	王时雍、沈思、王绹、高伯振	杨椿	沈晦	805		805	缺	缺	缺	805
总计					19 281	16 331	35 612			16 669	52 281

附录三 南宋贡举登科表

项目 年代	知贡举	同知贡举	省元	状元	正奏名进士	特奏名进士	合计
建炎二年（1128）			无	李易	554	缺	554
绍兴二年（1132）		廖刚、刘大中	无	张九成	392	158	550
绍兴五年（1135）	孙近	张致远、勾龙如渊	樊光远	汪应辰	357	272	629
绍兴八年（1138）	朱震	王铁、罗汝楫	黄公度	黄公度	395	缺	395
绍兴十二年（1142）	程克俊	陈康伯、游操	何溥	陈诚之	398	514	912
绍兴十五年（1145）	何若	周执羔、巫伋	林机	刘章	374	247	621
绍兴十八年（1148）	边知白	汤允恭、章夏	徐履	王佐	353	457	810
绍兴二十一年（1151）	陈诚之	汤思退、郑仲熊	郑闻	赵逵	422	531	953
绍兴二十四年（1154）	魏师逊	王纶、赵逵	秦埙	张孝祥	419	434	853
绍兴二十七年（1157）	汤鹏举	何溥、黄中	张宋卿	王十朋	445	392	837
绍兴三十年（1160）	朱倬	周葵、张震	刘朔	梁克家	428	513	941
隆兴元年（1163）	洪遵	林安宅、梁克家	木待问	木待问	541	285	826
乾道二年（1166）	蒋芾	梁克家、陈良祐	何儋	萧国梁	493	295	788
乾道五年（1169）	汪应辰	赵雄、李衡	方佑	郑侨	392	382	774
乾道八年（1172）	王曮	胡元质、范仲艺	蔡幼学	黄定	389	481	870
淳熙二年（1175）	王淮	程大昌、萧燧	章颖	詹骙	426	587	1 013
淳熙五年（1178）	范成大		黄焕	姚颖	417	缺	417

207

(续表)

项目 年代	知贡举	同知贡举	省元	状元	正奏名进士	特奏名进士	合计
淳熙八年（1181）	王希吕	郑丙、黄洽	俞烈	黄由	379	470	849
淳熙十一年（1184）	王佐	王蔺、蒋继周	邵康	卫泾	395	699	1 094
淳熙十四年（1187）	洪迈	葛邲、陈贾	汤蒋	王容	435	714	1 149
绍熙元年（1190）	郑侨	何澹、陈騤	钱易直	余复	558	750	1 308
绍熙四年（1193）	赵汝愚	黄裳、胡纮	徐邦宪	陈亮	396	473	869
庆元二年（1196）	叶翥	倪思、刘德秀	莫子纯	邹应龙	506	578	1 084
庆元五年（1199）	黄由	胡纮、刘三杰	苏大璋	曾从龙	416	789	1 205
嘉泰二年（1202）	木待问	王容、施康年	傅行简	傅行简	439	497	936
开禧元年（1205）	萧逵	陆俊、李大异、李肇	林执善	毛自知	433	611	1 044
嘉定元年（1208）	楼钥	倪思、蔡幼学、叶时	宋简	郑自诚	430	641	1 071
嘉定四年（1211）	汪逵	刘榘、曾从龙、范之柔	周端朝	赵建大	465	679	1 144
嘉定七年（1214）	曾从龙	范之柔、郑昭先、刘爚	姚宏中	袁甫	504	669	1 173
嘉定十年（1217）	黄畴若	任希夷、黄序、袁燮	陈塤	吴潜	523	663	1 186
嘉定十三年（1220）	宣缯	俞应符、杨汝明、李安行	丘大发	刘渭	475	647	1 122
嘉定十六年（1223）	程珌	朱端常、朱著、郑自诚	王胄	蒋重珍	549	679	1 228
宝庆二年（1226）	程珌	邹应龙、朱端常、陈贵谊	王会龙	王会龙	989	缺	989
绍定二年（1229）	王璧	莫泽、李知孝	陈松龙	黄朴	557	1 121	1 678
绍定五年（1232）	陈贵谊	钟震、汪刚中	叶大有	徐元杰	493	592	1 085

附录三　南宋贡举登科表

（续表）

项目年代	知贡举	同知贡举	省元	状元	正奏名进士	特奏名进士	合计
端平二年（1235）	真德秀	洪咨夔、蒋重珍	杨茂子	吴叔告	460	657	1 117
嘉熙二年（1238）	游似	许应龙、范钟	缪烈	周坦	423	640	1 063
淳祐元年（1241）	杜范	钱相、曹豳	刘自	徐俨夫	367	627	994
淳祐四年（1244）	金渊	濮斗南、郑起潜	徐霖	留梦炎	424	621	1 045
淳祐七年（1247）	吴潜	应䛦、黄自然	马廷鸾	张渊微	527	750	1 277
淳祐十年（1250）	董槐	张磻、叶大有	陈应雷	方逢辰	513	615	1 128
宝祐元年（1253）	陆得舆	郏发、牟子才	丁应魁	姚勉	360	缺	360
宝祐四年（1256）	陈显伯	姚希得、咸士遨	彭方迥	文天祥	601	660	1 261
开庆元年（1259）	张镇	吴衎、王景齐	李雷奋	周震炎	442	309	751
景定三年（1262）	杨栋	叶梦鼎、孙附凤	李玨	方山京	637	743	1 380
咸淳元年（1265）	马廷鸾		阮登炳	阮登炳	635	缺	635
咸淳四年（1268）	雷宜中		胡跃龙	陈文龙	664	缺	664
咸淳七年（1271）	方逢辰	陈宜中、陈存、文及翁	刘梦荐	张镇孙	502	缺	502
咸淳十年（1274）			李大同	王龙泽	506	缺	506
总计					23 198	22 442	45 640

附录四　元代进士登科表

年代＼项目	右榜状元	左榜状元	登科人数
延祐二年（1315）	护都答儿	张起岩	56
延祐五年（1318）	忽都答儿	霍希贤	50
至治元年（1321）	达普化	宋本	64
泰定元年（1324）	捌剌	张益	86
泰定四年（1327）	阿察赤	李黼	86
天历三年（1330）	笃列图	王文烨	97
元统元年（1333）	同同	李齐	100
至正二年（1342）	拜住	陈祖仁	78
至正五年（1345）	普颜不花	张士坚	78
至正八年（1348）	阿鲁辉帖、穆而	王宗哲	78
至正十一年（1351）	朵列图	文允中	83
至正十四年（1354）	薛朝晤	牛继志	62
至正十七年（1357）	俛征	王宗嗣	51
至正二十年（1360）	买住	魏元礼	35
至正二十三年（1363）	宝宝	杨辅	62
至正二十六年（1366）	赫德溥化	张栋	73
总计			1 139

附录五　明代进士登科表

年代＼项目	会试考试官	会元	状元	登科人数
洪武四年（1371）	陶凯、潘廷坚	俞友仁	吴伯宗	120
洪武十八年（1385）	朱善前、聂铉	黄子澄	丁显	472
洪武二十一年（1388）	苏伯衡、李叔荆	施显	任亨泰	97
洪武二十四年（1391）		许观	许观	31
洪武二十七年（1394）		彭德	张信	100
洪武三十年（1397）	刘三吾、白信蹈	宋琮	陈䢿	51
*洪武三十年 分春、夏两榜		任伯安	韩克忠	61
建文二年（1400）	陈迪、黄观	吴溥	胡靖	110
永乐二年（1404）	解缙、黄淮	杨相	曾棨	472
永乐四年（1406）	王达、杨溥	朱缙	林环	219
永乐七年（1409）	邹缉、徐善述	陈燧		
永乐九年（1411）			萧时中	84
永乐十年（1412）	杨士奇、金幼孜	林誌	马铎	106
永乐十三年（1415）	梁潜、王洪	洪英	陈循	351
永乐十六年（1418）	曾棨、王英	董璘	李骐	250
永乐十九年（1421）	杨士奇、周述	陈中	曾鹤龄	201
永乐二十二年（1424）	曾棨、余鼎	叶恩	邢宽	150
宣德二年（1427）	杨溥、曾棨	赵鼎	马愉	101
宣德五年（1430）	李时勉、钱习礼	陈诏	林震	100
宣德八年（1433）	黄淮、王直	刘哲	曹鼐	99
正统元年（1436）	王直、陈循	刘定三	周旋	100
正统四年（1439）	王直、蔺从善	杨鼎	施槃	99
正统七年（1442）	王英、苗衷	姚夔	刘俨	151
正统十年（1445）	钱司礼、马愉	商辂	商辂	150
正统十三年（1448）	高谷、杜宁	岳正	彭时	150
景泰二年（1451）	江渊、林文	吴汇	柯潜	201
景泰五年（1454）	商辂、李绍	彭华	孙贤	349
天顺元年（1457）	薛瑄、吕厚	夏积	黎淳	294
天顺四年（1460）	吕厚、柯潜	陈选	王一夔	156
天顺七年（1463）	彭时、钱溥	吴钺		

（续表）

项目 年代	会试考试官	会元	状元	登科人数
天顺八年（1464）			彭教	247
成化二年（1466）	刘定之、万安	章懋	罗伦	359
成化五年（1469）	刘珝、刘吉	费誾	张昇	248
成化八年（1472）	万安、江朝宗	吴宽	吴宽	250
成化十一年（1475）	徐溥、丘睿	王鏊	谢迁	297
成化十四年（1478）	刘吉、彭华	梁储	曾彦	350
成化十七年（1481）	徐溥、王献	赵宽	王华	298
成化二十年（1484）	彭华、刘健	储罐	李旻	300
成化二十三年（1487）	尹直、赵宽	程楷	费宏	349
弘治三年（1490）	徐溥、汪谐	钱福	钱福	298
弘治六年（1493）	李东阳、陆简	汪俊	毛澄	298
弘治九年（1496）	谢迁、王鏊	陈澜	朱希周	298
弘治十二年（1499）	李东阳、程敏政	伦文叙	伦文叙	300
弘治十五年（1502）	吴宽、刘机	鲁铎	康海	297
弘治十八年（1505）	张元祯、杨廷和	董玘	顾鼎臣	303
正德三年（1508）	王鏊、梁储	邵锐	吕柟	349
正德六年（1511）	刘忠、靳贵	邹守益	杨慎	350
正德九年（1514）	梁储、毛澄	霍韬	唐皋	396
正德十二年（1517）	靳贵、顾清	伦以训	舒芬	349
正德十五年（1520）	石珤、李廷相	张治		
正德十六年（1521）			杨维聪	350
嘉靖二年（1523）	蒋冕、石珤	李舜臣	姚涞	410
嘉靖五年（1526）	贾泳、董玘	赵时春	龚用卿	301
嘉靖八年（1529）	张璁、霍韬	唐顺之	罗洪先	323
嘉靖十一年（1532）	张潮、郭维藩	林春	林大钦	316
嘉靖十四年（1535）	张璧、蔡昂	许谷	韩应龙	325
嘉靖十七年（1538）	顾鼎臣、张邦奇	袁炜	茅瓒	320
嘉靖二十年（1541）	温仁和、张衮	林树声	沈坤	298
嘉靖二十三年（1544）	张潮、江汝璧	瞿景淳	秦鸣雷	317
嘉靖二十六年（1547）	孙承恩、张治	胡正蒙	李春芳	301
嘉靖二十九年（1550）	张治、欧阳冶	傅夏器	唐汝楫	320

附录五　明代进士登科表

（续表）

项目 年代	会试考试官	会元	状元	登科人数
嘉靖三十二年（1553）	徐阶、敖铣	曹大章	陈谨	403
嘉靖三十五年（1556）	李本、尹台	金达	诸大绶	296
嘉靖三十八年（1559）	李玑、严讷	蔡茂春	丁士美	303
嘉靖四十一年（1562）	袁炜、董份	王锡爵	徐时行	299
嘉靖四十四年（1565）	高拱、胡正蒙	陈栋	范应期	394
隆庆二年（1568）	李春芳、殷士儋	田一儁	罗万化	403
隆庆五年（1571）	张居正、吕调阳	邓以赞	张元忭	396
万历二年（1574）	吕调阳、王希烈	孙矿	孙继皋	299
万历五年（1577）	张四维、申时行	冯梦祯	沈懋学	301
万历八年（1580）	申时行、余有丁	萧良有	张懋修	302
万历十一年（1583）	余有丁、许国	李廷机	朱国祚	341
万历十四年（1586）	王锡爵、周子义	袁宗道	唐文献	351
万历十七年（1589）	许国、王弘海	陶望龄	焦竑	347
万历二十年（1592）	陈于陛、盛讷	吴默	翁正春	304
万历二十三年（1595）	张位、刘元震	汤宾尹	朱之蕃	304
万历二十六年（1598）	沈一贯、曾朝节	顾起元	赵秉忠	292
万历二十九年（1601）	冯琦、曾朝节	许獬	张以诚	301
万历三十二年（1604）	朱赓、唐文献	杨守勤	杨守勤	308
万历三十五年（1607）	黄汝良、杨道宾	施凤来	黄士俊	298
万历三十八年（1610）	萧云举、王图	韩敬	韩敬	302
万历四十一年（1613）	叶向高、方从哲	周延儒	周延儒	344
万历四十四年（1616）	吴道南、刘楚先	沈同和	钱士升	344
万历四十七年（1619）	史继偕、韩爌	庄际昌	庄际昌	345
天启二年（1622）	何宗彦、朱国祚	刘必达	王震孟	409
天启五年（1625）	顾秉谦、魏广征	华琪芳	余煌	300
崇祯元年（1628）	施凤来、张瑞图	曹勋	刘若宰	353
崇祯四年（1631）	周延儒、何如宠	吴伟业	陈于泰	349
崇祯七年（1634）	温体仁、吴宗达	李青	刘理顺	302
崇祯十年（1637）	张至发、孔贞运	吴贞启	刘同升	301
崇祯十三年（1640）	薛国观、蔡国用	杨琼芳	魏藻德	296
崇祯十六年（1643）	陈演、魏藻德	陈名夏	杨廷鉴	395
总计				24 624

213

附录六　清代进士登科表

项目 年代	会试主考官	会元	状元	登科人数
顺治三年（1646）	范文程、刚林、冯铨、宁完我	李奭棠	傅以渐	373
顺治四年（1647）	范文程、刚林、祁充格、冯铨、宁完我、宋权	李人龙	吕宫	298
顺治六年（1649）	范文程、刚林、祁充格、洪承畴、宁完我、宋权、王文奎	左敬祖	刘子壮	395
顺治九年（1652）	希福、额色黑、陈泰、刘清泰、胡统虞、成克巩	张星瑞	邹忠倚	397
		麻勒吉	麻勒吉	50
顺治十二年（1655）	额色黑、金之俊、恩国泰、胡兆龙	秦鉽	史大成	399
		查亲	图尔宸	50
顺治十五年（1658）	傅以渐、李霨	张贞生	孙承恩	343
顺治十六年（1659）	卫周祚、刘正宗	朱锦	徐元文	376
顺治十八年（1661）	成克巩、卫周祚	陈常夏	马世俊	383
康熙三年（1664）	李霨、杜立德、郝惟讷、王清	沈珩	严我斯	200
康熙六年（1667）	王弘祚、梁清标、冯溥、刘芳躅	黄礽绪	缪彤	155
康熙九年（1670）	魏裔介、龚鼎孳、王清、田逢吉	宫梦仁	蔡启僔	299
康熙十二年（1673）	杜立德、龚鼎孳、姚文然、熊赐履	韩菼	韩菼	166
康熙十五年（1676）	李蔚、吴正治、宋德宜、田六善	彭定求	彭定求	209
康熙十八年（1679）	冯溥、宋德宜、叶方蔼、杨雍建	马教思	归允肃	151
康熙二十一年（1682）	黄机、朱之弼、陈廷敬、李天馥	金德嘉	蔡升元	179

214

附录六 清代进士登科表

（续表）

项目 年代	会试主考官	会元	状元	登科人数
康熙二十四年（1685）	张士甄、王鸿绪、董讷、孙在丰	陆肯堂	陆肯堂	164
康熙二十七年（1688）	王熙、徐乾学、成其范、郑重	范光阳	沈廷文	146
康熙三十年（1691）	张玉书、陈廷敬、李光地、王士禛	张瑗	戴有祺	157
康熙三十三年（1694）	熊赐履、杜臻、王维珍、徐潮	裴之仙	胡任舆	168
康熙三十六年（1697）	熊赐履、张英、吴琠、田雯	王士铉	李蟠	150
康熙三十九年（1700）	吴琠、熊赐履、李柟、王九龄	王露	汪绎	305
康熙四十二年（1703）	熊赐履、陈廷敬、吴涵、许汝霖	王式丹	王式丹	166
康熙四十五年（1706）	李录予、彭会淇	尚居易	王云锦	290
康熙四十八年（1709）	李光地、张廷枢	戴名世	赵熊诏	292
康熙五十一年（1712）	赵申乔、徐元梦	卜俊民	王世琛	177
康熙五十二年（1713）	王掞、王项龄、李先复、沈涵	孙见龙	王敬铭	196
康熙五十四年（1715）	王项龄、刘谦、蔡升元、王之枢	李锦	徐陶璋	190
康熙五十七年（1718）	张鹏翮、赵申乔、李华之、王懿	杨尔德	汪应铨	171
康熙六十年（1721）	张鹏翮、田从典、张伯行、李绂	储大文	邓钟岳	163
雍正元年（1723）	朱轼、张廷玉	杨炳	于振	246
雍正二年（1724）	朱轼、张廷玉、福敏、史贻直	王安国	陈德华	299
雍正五年（1727）	励廷仪、沈近思、史贻直	彭启丰	彭启丰	226

(续表)

项目 年代	会试主考官	会元	状元	登科人数
雍正八年（1730）	蒋廷锡、鄂尔奇、孙嘉淦、任兰枝	沈昌宇	周澍	399
雍正十一年（1733）	鄂尔奇、任兰枝、杨汝谷	陈倓	陈倓	328
乾隆元年（1736）	鄂尔奇、朱轼、邵基、张廷璱	赵青藜	金德瑛	344
乾隆二年（1737）	张廷玉、福敏、姚三辰、索柱	何其睿	于敏中	324
乾隆四年（1739）	赵国麟、甘汝来、留保、凌如焕	轩辕诰	庄有恭	328
乾隆七年（1742）	鄂尔泰、刘吴龙、汪由敦、仲永檀	金甡	金甡	323
乾隆十年（1745）	史贻直、阿克敦、彭维新、钱陈群	蒋元益	钱维城	313
乾隆十三年（1748）	陈大受、蒋溥、鄂容安、沈德潜	郑忄?	梁国治	264
乾隆十六年（1751）	刘统勋、孙嘉淦、介福、董邦达	周沣	吴鸿	243
乾隆十七年（1752）	陈世倌、嵩寿、邹一桂	邵嗣宗	寿大士	231
乾隆十九年（1754）	陈世倌、介福、钱维城	胡绍鼎	庄培因	241
乾隆二十二年（1757）	刘统勋、介福、金德瑛	蔡以台	蔡以台	242
乾隆二十五年（1760）	蒋溥、秦蕙田、介福、张泰开	王中孚	毕沅	164
乾隆二十六年（1761）	刘统勋、于敏中、观保	陈步瀛	王杰	217
乾隆二十八年（1763）	秦蕙田、德保、王际华	孙效曾	秦大成	188
乾隆三十一年（1766）	尹继善、裘曰修、陆宗楷	胡珊	张书勋	213
乾隆三十四年（1769）	刘纶、德保	徐烺	陈初哲	151
乾隆三十六年（1771）	刘统勋、观保、庄存与	邵晋涵	黄轩	161
乾隆三十七年（1772）	刘纶、觉罗奉宽、汪廷玙	孙辰东	金榜	162

（续表）

项目＼年代	会试主考官	会元	状元	登科人数
乾隆四十（1775）	嵇璜、王杰、阿肃	严福	吴锡龄	158
乾隆四十三年（1778）	于敏中、王杰、嵩贵	缪祖培	戴衢亨	157
乾隆四十五年（1780）	德保、曹秀先、周煌、胡高望	汪如洋	汪如洋	155
乾隆四十六年（1781）	德保、谢墉、沈初、吴玉纶	钱棨	钱棨	169
乾隆四十九年（1784）	蔡新、德保、纪昀、胡高望	俟健融	茹棻	112
乾隆五十二年（1787）	王杰、姜晟、瑞保	顾钰	史致光	137
乾隆五十四年（1789）	王杰、铁保、管干珍	钱楷	胡长龄	98
乾隆五十五年（1790）	王杰、朱珪、邹奕孝	朱文翰	石韫玉	97
乾隆五十八年（1793）	刘墉、钱保、吴省钦	吴贻咏	潘世恩	81
乾隆六十年（1795）	窦光鼐、瑚图礼、刘跃云	王以铻	王以衔	111
嘉庆元年（1796）	纪昀、金士松、李潢	袁櫆	赵文楷	144
嘉庆四年（1799）	朱珪、刘权之、阮元、文干	史致俨	姚文田	220
嘉庆六年（1801）	达春、彭元瑞、平恕、蒋曰纶	马有章	顾皋	275
嘉庆七年（1802）	纪昀、熊枚、玉麟、戴均元	吴廷琛	吴廷琛	248
嘉庆十年（1805）	朱珪、戴衢亨、恩普、英和	胡敬	彭浚	243
嘉庆十三年（1808）	董诰、邹炳泰、秀堃、顾德庆	刘嗣绾	吴信中	261
嘉庆十四年（1809）	费淳、王懿修、英和、贵庆	孔传纶	洪莹	241
嘉庆十六年（1811）	董诰、曹振镛、胡长龄、文干	朱壬林	蒋立镛	237
嘉庆十九年（1814）	章煦、周兆基、王宗诚、宝兴	瞿溶	龙汝言	226

（续表）

项目＼年代	会试主考官	会元	状元	登科人数
嘉庆二十二年（1817）	曹振镛、戴均元、姚文田、秀堃	庞大奎	吴其濬	255
嘉庆二十四年（1819）	戴均元、戴联奎、王引之、那彦成	费庚吉	陈沆	224
嘉庆二十五年（1820）	卢荫溥、黄钺、吴芳培、善庆	陈继昌	陈继昌	246
道光二年（1822）	英和、汪廷珍、汤金钊、李宗昉	吕龙光	戴兰芬	222
道光三年（1823）	曹振镛、汪廷珍、王引之、穆彰阿	杜受田	林召棠	246
道光六年（1826）	蒋攸铦、陆以庄、王鼎、汤金钊	王庆元	朱昌颐	265
道光九年（1829）	曹振镛、玉麟、朱士彦、李宗昉、吴椿	刘有庆	李振钧	221
道光十二年（1832）	潘世恩、戴敦元、穆彰阿、朱士彦	马学易	吴钟骏	206
道光十三年（1833）	曹振镛、阮元、那清安、恩铭	许楣	汪鸣相	220
道光十五年（1835）	穆彰阿、何凌汉、文庆、张鳞	张景星	刘绎	272
道光十六年（1836）	潘世恩、王鼎、吴杰、王植	夏子龄	林鸿年	172
道光十八年（1838）	穆彰阿、朱士彦、吴文镕、廖鸿荃	王振纲	钮福保	194
道光二十年（1840）	潘世恩、隆文、龚守正、王玮庆	吴敬羲	李承霖	180
道光二十一年（1841）	王鼎、祁寯藻、文蔚、杜受田	蔡念慈	龙启瑞	202
道光二十四年（1844）	陈官俊、文庆、徐士芬	焦春宇	孙毓溎	209
道光二十五年（1845）	穆彰阿、许乃普、贾桢、周祖培	蒋超伯	萧锦忠	217

（续表）

项目 年代	会试主考官	会元	状元	登科人数
道光二十七年（1847）	潘世恩、杜受田、朱凤标、福济	许彭寿	张之万	231
道光三十年（1850）	卓秉恬、贾桢、花沙纳、孙葆元	邹石麟	陆增祥	212
咸丰二年（1852）	周祖培、杜翙、载龄、何桂清	孙庆咸	章鋆	239
咸丰三年（1853）	徐泽醇、邵灿、潘曾莹	吴凤藻	孙如仅	222
咸丰六年（1856）	彭蕴章、全庆、许乃曾、刘琨	马元瑞	翁同龢	216
咸丰九年（1859）	贾桢、赵光、沈兆霖、成琦	马传煦	孙家鼐	180
咸丰十年（1860）	周祖培、全庆、朝崭、杜翰	徐致祥	钟骏声	189
同治元年（1862）	倭仁、万青藜、郑谨敦、熙麟	李庆沅	徐郙	193
同治二年（1863）	李棠阶、载龄、单懋谦、沈桂芬	黄体芳	翁曾源	200
同治四年（1865）	贾桢、宝鋆、谭廷襄、桑春荣	廖鹤年	崇绮	265
同治七年（1868）	朱凤标、文祥、董恂、继格	蔡以瑺	洪钧	270
同治十年（1871）	朱凤标、毛昶熙、皇保、常恩	李联珠	梁耀枢	323
同治十三年（1874）	万青藜、崇实、李鸿藻、魁龄	秦应逵	陆润庠	337
光绪二年（1876）	董恂、桑春荣、崇绮、董倬	陆殿鹏	曹鸿勋	324
光绪三年（1877）	宝鋆、毛昶熙、钱宝廉、崑冈	刘秉哲	王仁堪	329
光绪二年（1876）	景廉、翁同龢、麟书、许应骙	吴树棻	黄思永	330

219

（续表）

项目＼年代	会试主考官	会元	状元	登科人数
光绪九年（1883）	徐桐、瑞联、张之万、贵恒	宁本瑜	陈冕	308
光绪十二年（1886）	锡珍、祁世长、嵩申、孙毓汶	刘培	赵以炯	319
光绪十五年（1889）	李鸿藻、崑冈、潘祖荫、廖寿恒	许叶芬	张建勋	331
光绪十六年（1890）	孙毓汶、贵恒、汴应骙、沈源深	夏曾佑	吴鲁	326
光绪十八年（1892）	翁同龢、祁世长、雀穆欢、李端棻	刘可毅	刘福姚	317
光绪二十年（1894）	李鸿藻、徐郙、汪鸣銮、杨颐	陶世凤	张謇	311
光绪二十一年（1895）	徐桐、启秀、李文田、唐景崇	陈海梅	骆成骧	296
光绪二十四年（1898）	孙家鼐、徐树铭、徐会沣、文治	陆增炜	翁同龢	346
光绪二十九年（1903）	孙家鼐、徐会沣、荣庆、张英麟	周蕴良	王寿彭	315
光绪三十年（1904）	裕德、张百熙、陆润庠、戴鸿慈	谭延闿	刘春霖	273
总计				26 888

出版后记

中华文明源远流长。在漫长的历史岁月中，我们中华民族创造了辉煌灿烂的文化成就，践行着自己朴素而真诚的人生和社会理想，追寻着具有鲜明特色的伦理价值和审美境界，展示出丰富、生动、深邃的思想智慧。在很长一段时间内，中国文化在世界文明体系中居于领先地位，其影响力和感染力无比强大，从而在铸就中华民族独特灵魂的同时，也为人类文明的发展和进步作出了重要的贡献。

明清之际，由于复杂的原因，中国社会没有能够有效地完成转型，逐步走向封闭和衰落。鸦片战争的失败，更使中国面临数千年未有之变局，使中华民族沦入生死存亡的艰难境地。为了救国于危难，当时的仁人志士自觉不自觉地把目光投向西方，投向西学，并由此对中国传统文化进行了激烈的批判。从洋务运动、戊戌变法，一直到五四新文化运动，在近代中国救亡图存的历史语境中，传统文化的观念和形态，常常被贴上落后、愚昧的标签，乃至被指斥为近代中国衰落和灾难的祸根，就连汉字和中医这样与国人生命息息相关的文化形态，也受到牵连和敌视，被列入需要废除的清单。对本民族文化的这种决绝态度，在世界各民族的历史上都是罕见的，它既反映了我们中华民族创新发展的非凡勇气，也从一个重要侧面，印证了中华传统文化的顽强和深厚。

今天，历史已经走进 21 世纪，我们中华民族经过不懈的努力和奋斗，迎来了快速发展的良好机遇，国家强盛、民族复兴的曙光就在前方。在这样的时候，在这样的历史背景下，重温我们民族的辉煌、艰难历史，重新认知我们民族的优秀文化和高贵传统，不仅是一种自然的趋势，也是一项庄严的历史使命。理由很简单，我们中华民族要在全球化的背景下真正实现伟大复兴，必须具有足够的凝聚力和创造力，必须具有强烈的自尊心和自信心，而这一切，离不开对本民族优秀文化基因的认同和感念，离不开对优秀传统的继承和弘扬。从这个意义上说，中国传统文化是不绝的源泉，是清新而流动的活水。我们组织出版《中国文化经纬》系列丛书，正是为了汲取丰富的精神滋养，激发我们前行的力量。

本书系计划出版 100 卷，由著名的中国文化书院组织编

出版后记

写，内容涵盖中国传统文化的各个方面和层级，涉及文学、历史、艺术、科学、民俗等多个领域，力求用通俗易懂的语言，用较少的篇幅，使广大读者对中国历史文化有较为全面的认识，对中国精神和中国风格有较为深切的感受。丛书的作者均为国内知名专家，有的是学界泰斗，在国内外享有盛誉，他们的思想视野、学术底蕴和大家手笔，保证了丛书的学术品质和精神品格。

这是一套规模宏大、富有特色的中国传统文化读本，这是专家为同胞讲述的本民族的系列文明故事，我们期待您的关注和阅读，也等待您的支持和批评。

中国书籍出版社

2015 年 9 月

中国文化经纬·第一辑

从黄帝到崇祯：二十四史 / 徐梓　著
华夏文明的起源 / 田昌五　著
孔子和他的弟子们 / 高专诚　著
老子与道家 / 许抗生　著
墨子与墨学 / 孙中原　著
四书五经 / 张积　著
宋明理学 / 尹协理　著
唐风宋韵：中国古代诗歌 / 李庆　武蓉　著
易学今昔 / 余敦康　著
中国神话传说 / 叶名　著

中国文化经纬·第二辑

敦煌的历史与文化 / 宁可　郝春文　著
伏尔泰与孔子 / 孟华　著
利玛窦与徐光启 / 孙尚扬　著
神秘文化的启示：纬书与汉代文化 / 李中华　著
中国古代婚俗文化 / 向仍旦　著
中国书法艺术 / 陈玉龙　著
中国四大古典悲剧 / 周先慎　著
中国图书 / 肖东发　著
中国文房四宝 / 孙敦秀　著
中印文化交流史 / 季羡林　著

中国文化经纬·第三辑

先秦名家研究 / 许抗生　著
中国法家 / 许抗生　著
中国古代人才观 / 朱耀廷　著
中国吉祥物 / 乔继堂　著
中国科举考试制度 / 张希清　著
中国人的时间智慧：一本书读懂二十四节气 / 张勃　郑艳　著
中国人生礼俗 / 乔继堂　著
中国文化在朝鲜半岛 / 魏常海　著
中华理想人格 / 张耀南　著
中华水文化 / 张耀南　著